ARKANA

Buch

Markus Jehle praktiziert und unterrichtet seit über 20 Jahren Astrologie. »Kreative Astrologie – Grundwissen« ist der erste Band einer Trilogie, die durch die Themenbände »Prognose, Transite« und »Partnerschaft, Beziehungen« komplettiert wird. Das »Grundwissen« bietet alles, was astrologisch Interessierte zur Horoskopherstellung und Deutung wissen müssen. Jehle beschreibt die Wirkungsweise der zehn klassischen Planeten plus Chiron, die vier Elemente, die Horoskopachsen Aszendent/Medium Coeli, die Häuser, Aspekte und Mondknoten. Insbesondere führt der Autor den Leser in den schöpferischen Umgang mit der Symbolsprache ein und befähigt ihn damit zur kreativen Deutung von Horoskopen. Frage- und Checklisten sowie praxisbezogene Übungsschritte ermöglichen bereits nach kurzer Einarbeitung aussagekräftige Horoskopanalysen.

Von Markus Jehle sind im Goldmann Verlag außerdem erschienen:
Kreative Astrologie. Prognose, Transite (21680)
Kreative Astrologie. Partnerschaft, Beziehungen (21681)

MARKUS JEHLE

KREATIVE ASTROLOGIE

GRUNDWISSEN

ARKANA
GOLDMANN

Die Originalausgabe dieses Buches erschien 1996
unter dem Titel »Wenn der Mond im siebten Hause steht…«
im Ebertin Verlag, Freiburg i. Br.

Mit 14 Zeichnungen von Martin Garms

Umwelthinweis:
Alle Materialien dieses Taschenbuches
sind chlorfrei und umweltschonend.

Vollständige Neuveröffentlichung Juli 2004

Umschlaggestaltung: Design Team München
Umschlagmotiv: Photonica/Paul Vozdic
Autorenfoto auf der Umschlagrückseite: Barbara Löschnig
Satz: Uhl + Massopust, Aalen
Druck: GGP Media, Pößneck
Verlagsnummer: 21679
WL · Herstellung: WM
Made in Germany
ISBN 3-442-21679-6
www.goldmann-verlag.de

1. Auflage

Inhalt

Einführung

Eine Begegnung mit der Astrologie

Eine Begegnung mit der Astrologie ist eine Begegnung mit uns selbst. Dieses Buch ist so geschrieben, dass Ihnen diese Begegnung Spaß und Freude machen kann, ohne dass Sie auf die Tiefe und Ernsthaftigkeit astrologischen Wissens verzichten müssen.

Da die Astrologie das Gesicht dessen annimmt, der sie anblickt, soll das Buch Sie nicht zu einem Anhänger eines bestimmten astrologischen Wissens oder Deutungsstils machen und auch auf keine Schulrichtung oder Lehrmeinung festlegen. Ich hoffe vielmehr, mit diesem Buch den nötigen Freiraum dafür zu schaffen, dass Sie Ihren eigenen Stil finden und herausbilden können. Astrologie kann uns zu großen geistigen Freiräumen verhelfen, und in ihrem kosmischen Spiegel können wir uns selbst erkennen und befreien.

Selbstbefreiung

Eine Begegnung mit der Astrologie kann uns von dem Wunsch befreien, jemand anderer zu sein als der, der wir sind. Sie wird uns dann jedoch auch die Illusion rauben, jemand anderer sein zu können als der, der wir sind. Wir werden uns durch die Astrologie mit dem Gedanken anfreunden müssen, unser eigenes Leben zu leben, und kein anderes. Diese Einsicht kann sehr befreiend, aber auch sehr schmerzhaft sein.

Toleranz

Über die Astrologie können wir nicht nur uns selbst, sondern auch andere Menschen besser verstehen. Dies kann uns helfen, toleranter mit eigenen Schwächen und gelassener mit den Stärken anderer umzugehen. Durch sie können wir erkennen, dass jeder die Welt auf seine Weise wahrnimmt und so zu einem einmaligen Individuum wird, das auf seine Weise sich selbst zum Ausdruck bringt. Wir können durch die Begegnung mit der Astrologie die Vielfalt menschlichen Seins schätzen lernen und in jedem Menschen sowohl das Besondere als auch seine Gemeinsamkeiten mit anderen erkennen. Dadurch können wir unsere Wertungen und Urteile über uns selbst und andere relativieren und dem Leben toleranter und ausgeglichener begegnen.

Zusammenhänge erkennen

Die Astrologie bietet uns die Möglichkeit, unsere individuellen Reaktions- und Verhaltensmuster zu erkennen, die sich trotz wechselnder äußerer Umstände wie ein roter Faden durch unser Leben ziehen und unseren Charakter sowie das daraus resultierende Lebensschicksal formen. Als Folge daraus wird es uns nicht erspart bleiben, die Verantwortung für unser Tun und Lassen zu übernehmen und uns einzugestehen, dass wir, wie alle anderen Menschen auch, an gewissen Wiederholungszwängen und Ängsten leiden, durch die wir uns in unseren Möglichkeiten selbst beschränken und Teile unseres Potenzials ungenutzt lassen.

Andererseits wird uns auch bewusst werden, wo wir Fortschritte gemacht haben und wo wir alte Fehler nicht mehr zwanghaft wiederholen müssen, sondern neue begehen können.

Zyklisches Denken

Astrologie kann uns lehren, dass alle Ausdrucks- und Erscheinungsformen des Lebens zyklischer Natur sind. Das bedeutet nicht, dass alles stets in gleicher Form wiederkehrt, sondern vielmehr, dass unsere Entfaltung und Entwicklung sowohl linear als auch zyklisch erfolgt, und wir immer wieder an bereits Vorhandenes anknüpfen und darauf aufbauen können. Astrologie macht diese Entwicklungszyklen erfahrbar und kann uns dabei helfen, im Vorausblick auf die Zukunft schon heute zu erkennen, welche Entwicklungsschritte wir in Angriff zu nehmen haben.

Symbolsprache

Astrologie bedient sich kosmischer Symbole, um die Komplexität unseres Seins adäquat abbilden zu können. Um diese Symbole verstehen und deuten zu können, brauchen wir neben unserer Logik auch eine gut geschulte Intuition und die Fähigkeit, in Analogien zu denken und unterschiedliche Ausdrucksebenen in ihrer strukturellen Ähnlichkeit zu erkennen und zu begreifen.

Astrologie ist keine etablierte Wissenschaft

Obwohl uns die Astrologie tiefgründige Einsichten vermitteln kann, ist sie dennoch wissenschaftlich nicht anerkannt. Aus der Sicht der an den Universitäten etablierten Wissenschaften ist die Astrologie eine besonders elaborierte Form des Aberglaubens. Gegen dieses Vorurteil konnte die Astrologie bislang, von wenigen Ausnahmen einmal abgesehen, kaum etwas ausrichten. Dies liegt zum einen daran, dass die heute gebräuchlichen Methoden, die zu wissenschaftlich gesicherten Erkenntnissen führen, der Komplexität astrologischen Wissens und den daraus abgeleiteten

Deutungsaussagen nicht gerecht werden. Andererseits steckt die wissenschaftliche Erforschung der Astrologie noch in den Anfängen und ist leider nicht gut genug organisiert, um im Rahmen der statistischen Zufallskonzepte der etablierten Wissenschaften viel ausrichten zu können.

Die Deutungen in diesem Buch sind aus den genannten Gründen bislang wissenschaftlich nicht bewiesen, ihre Bedeutung ist dennoch nicht zwangsläufig weniger signifikant als diejenige von wissenschaftlich gesicherten Erkenntnissen. In vielen Bereichen weist die Astrologie sogar weit über die Gegenstandsbereiche der etablierten Wissenschaften hinaus, indem sie sich den wirklich drängenden Sinnfragen menschlichen Seins stellt.

Ungeachtet dieser Kritik ist es dennoch sinnvoll und wichtig, der Astrologie mit einer wissenschaftlichen Haltung zu begegnen. Wir sollten uns bei unseren astrologischen Deutungen stets darüber im Klaren sein, dass wir uns irren können und dass unsere astrologischen Erkenntnisse und Deutungen daher immer wieder kritisch hinterfragt und überprüft werden sollten.

Astrologie ist kein Königsweg zur Erleuchtung

Die Begegnung und Auseinandersetzung mit der Astrologie kann unser Leben verändern. Dennoch ist Astrologie kein Königsweg zur Erleuchtung, und uns werden trotz astrologischer Kenntnisse bestimmte Probleme im Leben nicht erspart bleiben. Astrologie ist nicht dazu geeignet, uns ein ausschließlich glückliches Leben ohne schmerzhafte Erfahrungen zu bescheren. Sie kann uns jedoch darin unterstützen, zwischen unvermeidbarem Leid und neurotischem Leiden zu unterscheiden und uns mit denjenigen Problemen zu konfrontieren, deren Bewältigung uns wirklich weiterbringt.

Astrologie ist kompliziert

Astrologie ist ein sehr komplexes und auch kompliziertes Wissensgebilde. Es ist viel Ausdauer erforderlich, um das astrologische Handwerk zu erlernen und es in der Kunst der Horoskopdeutung zu einer gewissen Meisterschaft zu bringen. Astrologie ist kein esoterisches Fertiggericht, das schnell heruntergeschlungen und noch schneller verdaut werden kann. In der Regel braucht es drei bis fünf Jahre intensiven Studiums, bis der Nutzen von astrologischen Deutungsaussagen sich voll entfalten kann. Dies ist dennoch kein Grund, sich den Charakter mit der Lektüre von Zeitungshoroskopen zu verderben, statt sich ernsthaft mit Astrologie zu befassen.

Eine gute Ausrede

Wer sein astrologisches Handwerk etwas beherrscht, wird nie wieder um eine gute Ausrede und Trost verlegen sein. Falls jemand beispielsweise mal wieder im Tiefflug über die Autobahn rast, dann können wir uns damit trösten, dass seine Schützeplaneten dies brauchen. Falls Rechnungen nicht gleich bezahlt werden, geben wir einfach Saturn die Schuld. Falls im erotischen Bereich nicht viel los ist, dann erzählen wir dem Barkeeper um die Ecke etwas von Venus- und Marsproblemen. Ist Astrologie nicht herrlich?

Wissen ist Macht

Astrologisches Wissen ist ein machtvolles Erkenntnisinstrument. Der Umgang damit erfordert Disziplin und eine gewisse seelische Reife. Einerseits lässt ein Horoskop tief blicken, und manchmal können wir damit sogar Gott ein bisschen in die Karten schauen. Dies kann ein berauschendes Machtgefühl auslösen, vor dem nicht jeder gefeit ist. Andererseits werden wir über astrologische Einsichten damit konfrontiert, dass Willensfreiheit und Schicksal zwei Seiten ein und derselben Medaille sind und wir vielleicht allenfalls die Freiheit haben, frohen Herzens das zu tun, was wir tun müssen, wie C.G. Jung diesen Konflikt einmal auf den Punkt gebracht hat.

Eine gute Tarnung

Astrologie kann eine gute Tarnung für den Wunsch sein, andere zu manipulieren oder über die Kenntnis des Horoskops zu kontrollieren. Niemand ist vor solchen Versuchungen sicher, und es gibt neben der Astrologie tausend andere Möglichkeiten, dies zu tun. Dennoch darf astrologisches Wissen nicht in dieser Form missbraucht werden. Aus diesem Grund sind dieselben ethischen und moralischen Anforderungen an Astrologiekundige zu stellen, wie sie für andere beratende Tätigkeiten im medizinischen und psychologischen Bereich auch gelten.

Erfüllungs- und Zerstörungszwang

Gegner der Astrologie greifen gerne auf das Argument zurück, dass astrologische Aussagen und Vorhersagen nur deshalb zutreffend sind, weil sie den Charakter von sich selbst erfüllenden Prophezeiungen haben. Wie wunderbar dies funktioniert, können Sie sich ganz einfach dadurch beweisen, indem Sie sich für den nächsten Samstag einen Lottogewinn in Millionenhöhe vorhersagen. Meinen Glückwunsch, falls Ihnen der Gewinn tatsächlich in den Schoß fallen sollte. Sollte es wider Erwarten nicht funktionieren, können Sie sich damit trösten, dass es auch sich selbst zerstörende Vorhersagen gibt, bei denen das Ereignis genau deshalb nicht eintritt, weil es vorhergesagt wurde.

Es ist dennoch schwer, Gegner der Astrologie vom Unsinn ihrer auf Erfüllungszwängen beruhenden Argumente zu überzeugen. Und es ist andererseits nicht ernsthaft zu leugnen, dass Vorhersagen, die mit unseren Glaubensüberzeugungen und Werten, aber auch mit unseren Ängsten und Befürchtungen in Zusammenhang stehen, eine gewisse Selbsterfüllungs- bzw. Selbstzerstörungstendenz auslösen können.

Schnelles Geld

Glauben Sie niemandem, der Ihnen einzureden versucht, Sie könnten mit der Astrologie schnell Geld scheffeln. Falls Sie vom großen Geldsegen träumen, beschreiten Sie andere Wege, um reich zu werden. Der Reichtum der Astrologie liegt in anderen Bereichen, die oftmals kostbarer sind.

Aufbau und Struktur des Buches

Dieses Buch ist als Lehr- und Arbeitsbuch aufgebaut. Sie werden im ersten Teil in die Grundbausteine der Astrologie eingeführt, angefangen bei den Planeten, deren Ausdruckskräfte die Grundlage jeder astrologischen Deutung sind, gefolgt von deren Stellung im Tierkreis bis hin zu ihren Verwirklichungsebenen im Bereich der astrologischen Häuser und ihren Aspekten im Horoskop. Die zahlreichen Übungen und Fragelisten sollen Ihnen eine schöpferische Verbindung Ihrer bisherigen Lebenserfahrungen mit dem Wissen der Astrologie ermöglichen. Es steht Ihnen frei und obliegt Ihrer persönlichen Verantwortung, inwieweit Sie den darin enthaltenen Anregungen folgen. Die Deutungsaussagen zu den Bausteinen des Horoskops sind jeweils als Anregungen für eigene kreative Deutungen gedacht und nicht als vorgefertigte Deutungsrezepte zu verstehen.

Im zweiten Teil des Buches werden Ihnen sieben Deutungsschritte für einen Einstieg in die Horoskopdeutung vorgestellt, die Ihnen dabei helfen können, den Überblick zu behalten und zu sinnvollen Deutungskombinationen zu gelangen.

Im dritten Teil werden Ihnen die Grundlagen der Horoskopberechnung vermittelt, damit Sie künftig selbst Horoskope berechnen und erstellen können. Damit haben Sie alle Werkzeuge an der Hand, um mit der Astrologie sinnvoll umzugehen. Eine ausführliche Literaturübersicht am Ende des Buches wird Ihnen den Weg zu einer weiteren Vertiefung Ihres Wissens weisen.

Aufbau und Struktur des Buches werden Sie zu einer eigenständigen Beschäftigung und Auseinandersetzung mit der Astrologie anregen. Auch wenn die Übungen und Fragelisten auf persönliche Erfahrungsinhalte abzielen, können die daraus gewonnenen Erkenntnisse nicht nur zur Deutung des eigenen, sondern auch anderer Horoskope umgesetzt werden. Eins ist sicher: Wer durch die Astrologie nicht auch sich selbst begegnet, wird astrologisches Wissen nur schwer auf andere anwenden können.

»Wenn der Mond im siebten Hause steht…

… herrscht Friede unter den Planeten, lenkt Liebe ihre Bahn.« Diese Zeile aus einem Lied des Musicals »Hair« weckte Anfang der 70er-Jahre meine Neugier an der Astrologie. Es dauerte allerdings weitere zwölf Jahre, ehe ich, als angehender Student schon mit wissenschaftlicher Skepsis und Vorurteilen belastet, der Astrologie auf einer tieferen Ebene erneut begegnet bin. Heute weiß ich, was es bedeutet, wenn der Mond im siebten Hause steht. Ich hoffe, dass Sie nach der Lektüre dieses Buches ebenfalls in der Lage sein werden, diese Konstellation zu deuten. Ein Rezept, was diese Konstellation bedeuten könnte, werden Sie in diesem Buch jedoch vergeblich suchen. Dafür werden Sie zahlreiche Anregungen erhalten, sich astrologisches Wissen auf eine kreative und lebendige Weise zu erschließen und es ebenso anzuwenden. Ich wünsche Ihnen viel Spaß bei Ihrer Begegnung mit der Astrologie und hoffe, dass dadurch Ihr Leben bereichert wird.

Die Astrologie nimmt das Gesicht dessen an, der sie anblickt. *(Fritz Riemann)*

TIERKREISZEICHEN

♈	Widder
♉	Stier
♊	Zwilling
♋	Krebs
♌	Löwe
♍	Jungfrau
♎	Waage
♏	Skorpion
♐	Schütze
♑	Steinbock
♒	Wassermann
♓	Fische

PLANETENSYMBOLE

☉	Sonne
☾	Mond
☿	Merkur
♀	Venus
♂	Mars
♃	Jupiter
♄	Saturn
⚷	Chiron
♅	Uranus
♆	Neptun
♇	Pluto
☊	Aufsteigender (nördlicher) Mondknoten
☋	Absteigender (südlicher) Mondknoten

ASPEKTE

☌	Konjunktion
⚺	Halbsextil
∠	Halbquadrat
⚹	Sextil
⬠	Quintil
□	Quadrat
△	Trigon
⚼	Anderthalbquadrat
⬠	Biquintil
⚻	Quinkunx
☍	Opposition

Erster Teil

Die Grundbausteine des Horoskops

Planeten

Sonne ◎

Was die Sonne in uns bewegt

Ich will, dass du herausfindest, wer du bist, und dass du alles unternimmst, der zu werden, als der du gemeint bist. Ich helfe dir, eine feste Identität zu entwickeln und eine integrierte Persönlichkeit zu werden. Ich frage dich immer wieder, wen du eigentlich meinst, wenn du »ich« sagst, und ich fordere dich zu einer fortlaufenden Erweiterung und Erneuerung deines Selbstbildes auf.

Ich will, dass du in deinem Leben Regie führst und dafür sorgst, dass sämtliche Facetten deines Wesens zum Ausdruck kommen. Durch mich kannst du entscheiden, welche Werte wirklich wichtig für dich sind und welche Ziele du in deinem Leben verfolgen möchtest.

Ich zeige dir die Vorbilder, denen du folgen kannst, weil sie dich zu deinem innersten Wesen führen. Ich mache aus dir einen Menschen mit persönlichen Eigenschaften und Eigenheiten, damit du dich von anderen unterscheidest. Ich weiß deine Einmaligkeit und deine Besonderheiten zu schätzen.

Ich gebe dir die Kraft, dich selbst auszudrücken, und stärke dein Selbstvertrauen, damit du zeigen kannst, was in dir steckt. Der Weg zu mir führt in deine eigene innere Mitte und gleicht einer Heldenreise, bei der du die Hauptrolle spielst. Ich lasse dein inneres Licht leuchten, damit du deine wahre Bestimmung erkennst.

Ich sorge auch dafür, dass du eine Autorität werden kannst, und konfrontiere dich deshalb mit anderen Autoritätspersonen, angefangen von deinem Vater bis zu deinem Vorgesetzten, damit du von ihnen lernen kannst. Wenn dir dein Herz in die Hose rutscht, verleihe ich dir den Mut, dennoch weiterzumachen, indem ich an dich glaube. Du bist mir wichtiger als alles andere. Stelle dein Licht nicht unter den Scheffel, denn damit würdest du mich kränken.

Fragen zur Erforschung der persönlichen Sonne-Thematik im eigenen Horoskop:

Innere Werthaltung
- Welche Werte vertrete ich bewusst?
- Was finde ich richtig, falsch, unmöglich etc.?
- Welche Vorstellung habe ich davon, was im Leben wichtig ist?

Leitbilder
- Welchen Leitbildern folge ich?
- Wer oder was ist mir ein Vorbild?
- Wo und wie bin ich Vorbild für andere?

Selbstbild/Eigenschaften
- Was sind meine Selbstbilder?
- Was oder wer ist mein »Selbst«?
- Welches sind meine typischen Eigenschaften?

Identität/Identifikation
- Wer bin ich?
- Womit identifiziere ich mich?

- Wo kann ich nur schwer Abstand von mir gewinnen?
- Was stärkt meine Identität?
- Welches Verhältnis habe ich zu meinem Namen?

Vaterbild
- Wie sieht mein inneres Vaterbild aus?
- Welche Vaterfiguren spielen in meinem Leben eine wichtige Rolle?

Ichstärke
- Wofür stehe ich?
- Was verleiht mir Stabilität und Stärke?
- Wo fällt es mir leicht, ich selbst zu sein?
- Wozu kann ich »ich« sagen?

Wesenskern
- Was macht mein Wesen im Innersten aus?
- Was ist mein »höheres Selbst«?

Persönlichkeitsentwicklung
- Wie ist die Entwicklung meiner Persönlichkeit bisher verlaufen?
- Wo stehe ich heute?
- Wer möchte ich in fünf Jahren sein?

Die Deutung der Sonnenstellung im Horoskop

Die Stellung der Sonne im Horoskop lässt erkennen, wie und wodurch wir wir selbst werden und eine eigenständige Identität ausbilden können. Ihre Aspekte zu anderen Planeten zeigen an, welche Hürden und Gefährdungen wir dabei zu bewältigen haben. Ihre Zeichenstellung gibt Aufschluss darüber, über welche Inhalte und Werte wir uns vorzugsweise selbst definieren. Ihre Hausstellung lässt erkennen, in welchen Lebensbereichen wir dazu die entsprechenden Herausforderungen suchen und woran wir uns reiben, um uns selbst zu finden.

Mond ☾

Was der Mond in uns bewegt

Ich sorge dafür, dass du bekommst, was du brauchst, und ich versorge dich mit allem, was dich seelisch nährt. Ich biete dir Schutz und Geborgenheit, damit du dich auf der Welt zu Hause fühlen kannst.

Ich will, dass du anderen Menschen nahe bist und ihnen deine Gefühle zeigst. Durch mich kannst du dich auf andere einlassen und an ihren Sorgen und Nöten seelisch Anteil nehmen. Es gibt keine Gefühle, die mir fremd sind, und ich kümmere mich darum, dass du möglichst viele von ihnen kennen lernst.

Ich bin die Mutter, die dich umsorgt und für dich da ist. Ich mag dein inneres Kind und sorge dafür, dass du es pflegst und gut behandelst, auch wenn du längst erwachsen bist. Ich will, dass du auch zu anderen fürsorglich und unterstützend bist.

Durch mich lernst du deine Instinkte kennen und deinen unbewussten Reaktionen zu vertrauen. Ich sorge des öfteren für Stimmungswechsel, und manchmal bist du wegen mir launisch und leicht verletzbar. Ich bin leicht zu beeindrucken, doch ich weiß genau, was und wen ich mag. Manchmal bin ich etwas labil, dafür stärke ich dich durch meine emotionale Kraft und helfe dir, auch deine weichen Seiten zu zeigen.

Ich bringe dich mit deiner Seele in Kontakt und möchte, dass du mich dafür gut behandelst, denn ich bin sehr sensibel.

Fragen zur Erforschung der persönlichen Mond-Thematik im eigenen Horoskop:

Bedürfnisse
- Was brauche ich, um mich wohl zu fühlen?
- Wie komme ich mit meinen Bedürfnissen in Kontakt?
- Wie drücke ich meine Bedürfnisse aus?

Seelische Berührbarkeit
- Was berührt mich seelisch?
- Woran nehme ich emotional Anteil?
- Wie drücke ich seelisches Berührtsein aus?

Unterstützung/Instinkte
- An wen oder was wende ich mich, wenn ich seelische Unterstützung brauche?
- Wo und wie unterstütze ich andere seelisch?
- Wann reagiere ich instinktiv?
- Was kann ich instinktiv nicht leiden?

Gefühle/Emotionen
- Wie zeige ich Gefühle?
- Wie reagiere ich auf die Gefühle anderer?
- Wodurch werde ich seelisch bewegt?

Inneres Mutterbild
- Wie sieht mein inneres Mutterbild aus?
- Wie habe ich meine eigene Mutter erlebt?
- Welche Stärken, welche Schwächen hatte meine Mutter?
- Wie bin ich selbst als Mutter?
- Was weckt meinen Mutterinstinkt?

Inneres Kind
- Wie nähre ich mein inneres Kind?
- Was braucht mein inneres Kind jetzt, in diesem Augenblick?

Versorgung
- Wie nähre ich andere?
- In welchen Situationen fällt es mir leicht, andere zu versorgen?
- Wie und wodurch fühle ich mich versorgt?

Wohlbefinden
- Wann und wobei fühle ich mich besonders wohl?
- Wie regeneriere ich mich?
- Wobei kann ich auftanken?

Geborgenheit/Zuhause
- Was gibt mir Geborgenheit?
- In welchen Situationen fühle ich mich geborgen/beschützt?
- Wo fühle ich mich seelisch zu Hause?

Kindheit
- Wie war ich als Kind?
- Was ist typisch für meine Kindheit?

Die Deutung der Mondstellung im Horoskop

Die Stellung des Mondes im Horoskop lässt erkennen, was wir brauchen, um uns innerlich genährt und seelisch geborgen zu fühlen. Seine Zeichenstellung gibt Hinweise darauf, wie und wodurch wir Nähe mit anderen herstellen, wie wir unsere Bedürfnisse ausdrücken und unsere Gefühle zeigen. Seine Hausstellung lässt erkennen, wo wir uns seelisch angesprochen fühlen und uns emotional engagieren, in welchem Lebensbereich wir nach Schutz und Geborgenheit suchen und andere unterstützen und nähren. Die Aspekte des Mondes beschreiben die Hürden und Widerstände, die wir auf dem Weg der Entfaltung unseres inneren Kindes zu bewältigen haben, aber auch die Unterstützung, die uns dabei zuteil werden kann.

Merkur ☿

Was Merkur in uns bewegt

Ich will, dass du möglichst viel lernst und dein Wissen stets auf den neuesten Stand bringst. Ich wecke deine Neugier und zeige dir, wie interessant und vielseitig die Welt ist. Mir fällt ständig etwas Neues ein, um dich zu unterhalten.

Ich filtere deine Wahrnehmung so, wie du es brauchst, um die aufgenommenen Informationen optimal verarbeiten zu können. Ich helfe dir, zu verstehen und zu begreifen, was um dich herum vorgeht. Ich gebe dir Orientierungshilfen, wie du deinen Verstand gebrauchen kannst, um dich in der Welt zurechtzufinden. Ich schule deine analytischen Fähigkeiten und helfe dir, logisch und rational zu denken und zu urteilen.

Ich sorge dafür, dass du dich anderen mitteilst, damit sie wissen, was in dir vorgeht. Ich kenne sämtliche Sprachen der Welt und will, dass du zumindest eine davon gut beherrschst, um dich klar und verständlich ausdrücken zu können. Ich bin zwar für jeden Small-Talk zu haben, freue mich aber umso mehr über jedes interessante und geistreiche Gespräch, das du führst.

Mit meinem Einfallsreichtum helfe ich dir, nie um eine gute

Ausrede verlegen zu sein, und wenn es sein muss, auch andere Leute auszutricksen. Ich mache dir Lust am Feilschen und Verhandeln und helfe dir, mit Geschick und List deine Ziele zu erreichen. Ich kann sehr schlagfertig sein und dir eine sprachliche Raffinesse verleihen, der so leicht niemand beizukommen vermag.

Ich höre auch auf die Signale, die aus deinem Inneren kommen, und überwache dein vegetatives Nervensystem, damit dein Herz auch dann weiterschlägt, wenn du nicht darauf achtest. In deinem Körper laufen viele Prozesse ab, die dir nur selten bewusst werden. Ich sitze an der Schaltstelle deines Gehirns, um dir bei Bedarf diese Prozesse bewusst zu machen. Ich helfe dir auch, deine Gefühle zu erkennen, damit du sie besser verstehen kannst.

Wie du siehst, bin ich sehr wichtig für dich. Behandle mich daher nicht länger wie einen vergessenen Planeten, sondern beachte mich und rede mit mir!

Fragen zur Erforschung der persönlichen Merkur-Thematik im eigenen Horoskop:

Kommunikation
- Wie drücke ich mich aus?
- Was ist typisch für meinen Kommunikationsstil, welche Gesten, Mimik, Ausdrucksweise?
- In welchen Situationen fällt es mir leicht, zu kommunizieren und mich verständlich zu machen?

Wahrnehmung
- Durch welche Filter nehme ich meine Umwelt wahr?
- Für welche Signale und Reize bin ich besonders resonant?
- Wodurch schränke ich meine Wahrnehmung ein?

Innerer Dialog
- Welche inneren Dialoge führe ich?
- Welche inneren Sätze sage ich mir immer wieder selbst?
- Wie rede ich mit mir selbst?

Interesse/Neugier
- Wofür interessiere ich mich?
- Was macht mich neugierig?
- Wie reagiere ich auf Neues?

Lernen/Wissen
- Wie kann ich Wissen am besten aufnehmen?
- Was kann ich mir besonders gut merken?
- Unter welchen Bedingungen fällt mir das Lernen leicht?

Zuhören/Aufmerksamkeit
- Was höre ich gerne?
- Wann kann ich gut zuhören?
- Worauf richtet sich meine Aufmerksamkeit?
- In welchen Situationen bin ich besonders aufmerksam?

Intelligenz/Denken
- In welchen Bereichen drückt sich meine Intelligenz aus?
- Richte ich meine Intelligenz eher auf praktische oder auf theoretische Fragestellungen?
- Worüber denke ich gerne nach?
- Wie funktioniert mein Denken, ist es eher assoziativ, logisch, zusammenhanglos etc.?
- Welche Gedanken sind mir wichtig?

Auffassungsgabe/Gedankentraining
- Wo bin ich schwer von Begriff?
- Was kann ich leicht aufnehmen?

- Was trainiert meinen Geist?
- Wie halte ich mein Denken beweglich?
- Wobei kann ich abschalten, meine Gedanken beruhigen?

Die Deutung der Merkurstellung im Horoskop

Die Stellung von Merkur im Horoskop beschreibt unseren Denk- und Kommunikationsstil. Seine Zeichenstellung gibt Aufschluss darüber, wie wir kommunizieren und welche Reize und Signale wir bevorzugt wahrnehmen. Seine Häuserstellung beschreibt diejenigen Lebensbereiche, in denen wir den Austausch mit anderen suchen und uns intellektuell und geistig stimulieren lassen. Seine Aspekte zu anderen Planeten deuten auf eventuelle Schwierigkeiten im sprachlichen Ausdruck (Spannungsaspekte) oder auf besondere intellektuelle Fähigkeiten (harmonisierende Aspekte) hin.

Venus ♀

Was Venus in uns bewegt

Ich bringe Schönheit in dein Leben. Wenn du dir elegante Kleider kaufst, Parfüms zerstäubst oder dich mit edlen Steinen und Metallen schmückst, dann befindest du dich in meinem Reich. Ich gebe deiner Wohnung den Glanz, den sie braucht, und dir die Ausstrahlung, die dich so anziehend macht. Ich achte auf dein inneres Gleichgewicht und bringe Harmonie und Frieden in dein Leben.

Ich mag es nicht, wenn du alleine bist. Deshalb bringe ich dich in Kontakt zu anderen. Am liebsten sind mir die schönen Stunden im Kreise deiner Liebsten, wenn das Glück zum Greifen nahe ist.

Ich unternehme alles, um dir das Leben so angenehm wie möglich zu machen. Ich erschließe dir Genüsse, von denen du nicht einmal geträumt hast, und mit meinem ästhetischen Empfinden locke ich deine künstlerischen Seiten hervor.

Mein größtes Geschenk an dich ist die Liebe. Ohne meine Zuneigung wäre das Leben eine trostlose Angelegenheit. Ich helfe dir, anderen zu gefallen und Gefallen an anderen zu finden. Durch mich lernst du kennen, wer zu dir passt und was dich anzieht. Ich will die Frau in dir zum Blühen bringen (auch wenn du ein Mann bist). Mit meiner Weiblichkeit verführe ich alles, was dir zugeneigt ist. Manchmal kann ich eitel sein, und die Fleißigste bin ich bestimmt nicht. Dafür habe ich einen sicheren Geschmack für das, was dir gefallen wird, und ich liebe es besonders, wenn du dich von den schönen Seiten des Lebens verwöhnen lässt.

Fragen zur Erforschung der persönlichen Venus-Thematik im eigenen Horoskop:

Anziehung
- Was unternehme ich, um für andere anziehend zu sein?
- Welchen Liebreiz sende ich aus?
- Wie signalisiere ich Kontaktbereitschaft?
- Wen ziehe ich an?

Beziehung
- Was möchte ich gerne von anderen »beziehen«?
- Wie gehe ich auf andere zu?
- In welchen Situationen fällt es mir leicht, Kontakte zu knüpfen?
- Wo lerne ich »Liebespartner« kennen?
- Wie flirte ich?

Liebe/Zuneigung
- Wie drücke ich Liebe und Zuneigung aus?
- Woran merkt mein Partner, dass ich ihn liebe?
- In welchen Lebensbereichen kann meine Liebe leicht und harmonisch fließen?
- Wie verführe ich andere, wodurch?

Harmonie/Ausgleich
- Wie stelle ich Harmonie her?
- In welchen Situationen bin ich um Ausgleich bemüht?
- Wie finde ich zu meinem inneren Gleichgewicht?

Annehmen/Akzeptanz
- Was hilft mir, mich akzeptiert zu fühlen?
- Was kann ich leicht annehmen?
- Wie verhalte ich mich, wenn mir etwas geschenkt wird?
- Wofür kann ich mich wertschätzen?

Innere Frau
- Wie ist mein weiblich-erotisches Selbstbild/Suchbild?
- In welchen Situationen fühle ich mich »weiblich«?
- Was bringt mich in Kontakt mit meiner inneren Frau?

Bequemlichkeit/Verwöhnung
- Wie möchte ich verwöhnt werden?
- Was kann ich genießen?
- Wo möchte ich es möglichst bequem haben?

Schönheit/Kunst
- Was finde ich schön?
- In welchen Lebensbereichen ist mir Schönheit wichtig?
- Was sind meine schönen Seiten?
- Wie mache ich mich schön?

- Welche Art von Kunst mag ich?
- Welche künstlerischen Talente habe ich?

Neid/Eitelkeit
- Was lässt mich auf andere neidisch werden?
- Worum werde ich beneidet?
- Wo bin ich eitel?
- Wofür bin ich mir zu schade und nicht zu haben?
- Auf welche »Schönheiten« bin ich eifersüchtig?

Geschmack
- Welcher Geschmack ist typisch für mich?
- Was finde ich geschmacklos?
- Wen kann ich nicht riechen?
- Was mag ich?

Die Deutung der Venusstellung im Horoskop

Die Stellung der Venus im Horoskop zeigt an, wo und wie wir nach Ausgleich und Harmonie streben und versuchen, Frieden zu stiften und die Dinge wieder ins Gleichgewicht zu bringen. Über die Venus treten wir in Kontakt mit den angenehmen und schönen Seiten des Lebens. Ihre Zeichenstellung zeigt an, wie wir uns diesen Seiten gegenüber öffnen können, ihre Hausstellung, wo wir ihnen am liebsten begegnen möchten. Venus ist der Schlüssel für unseren persönlichen Geschmack und das, was wir mögen und anziehend finden.

Ihre Zeichenstellung lässt auch erkennen, wie wir in Beziehung zu anderen treten, welche Vorstellungen wir von der Liebe haben und was oder wen wir als liebenswert erachten. Sie zeigt an, wie wir geliebt werden möchten und wie wir selbst Liebe und Zuneigung ausdrücken. Spannungsaspekte zu anderen Planeten geben Hinweise auf Probleme, die damit in Zusammenhang stehen. Harmonisierende Aspekte unterstützen dagegen unseren Ausdruck von Liebe.

Venus symbolisiert auch das Bild der inneren Geliebten, der erotischen Frau, die wir als Mann in Frauen suchen und die wir als Frau in unseren Beziehungen zum anderen Geschlecht gerne selbst ausdrücken. In gleichgeschlechtlichen Beziehungen ist meist bei einem der beiden Partner der Venusausdruck stark betont, so dass er unabhängig vom Geschlecht »weiblicher« wirkt.

Mars ♂

Was Mars in uns bewegt

Ich will, dass du dich durchsetzt und behauptest. Ich kann Feiglinge und Verlierer nicht ausstehen. Stelle dich dem Lebenskampf, lass deine Muskeln spielen und gehe mutig voran – es wird sich lohnen!

Ich achte darauf, dass du in Bewegung bleibst. Damit du nicht abschlaffst, sorge ich ständig für leichte Spannung – in deinem Leben wie auch in deinem Körper. Ich will, dass das Blut durch deine Adern rauscht wie ein mächtiger Strom. Ich reize dich, so dass du zeigen kannst, was in dir steckt.

Sex wurde nur erfunden, damit ich mich austoben kann. Ich liebe Eroberungen, und ich bin gerne auf der Jagd. Ich weiß eine gut entwickelte Männlichkeit zu schätzen. Mir gefällt der Draufgänger in dir, und ich will, dass du aufs Ganze gehst. Für halbe Sachen bin ich nicht zu haben.

Ich helfe dir, deinen inneren Krieger zu entwickeln, damit du dein Territorium verteidigen kannst. Ich bin die Kraft, die deine Faust ballt, damit du zurückschlägst. Bestimmte Probleme lassen sich nur mit einem gezielten Faustschlag wirklich lösen. Ich habe den Biss, den es braucht, um ans Ziel zu gelangen. Folge mir, und wir werden eine Schneise durch die Welt schlagen, die ihre Spuren hinterlassen wird.

Ich gebe deinem Handeln Richtung und Kraft. Du brauchst mich, um den täglichen Kampf mit dem Dasein aufnehmen zu können. Ich helfe dir, aus der Hüfte zu kommen und aktiv zu werden. Durch mich wirst du zum Täter. Ohne einen gewissen Ehrgeiz wirst du mich allerdings kaum kennen lernen. Mir liegt daran, dass du besser bist als andere. Es gibt nichts, woraus ich nicht einen Wettkampf machen könnte. Durch mich gelangst du auf die Siegerstraße.

Wenn du nicht auf mich hörst, dann richtet sich deine ganze Kraft und Wut nach innen, und du wirst von deinen Depressionen innerlich aufgefressen. Ohne mich läufst du wie ein geprügelter Hund durchs Leben und bist ständig auf dem Opfertrip.

Fragen zur Erforschung der persönlichen Mars-Thematik im eigenen Horoskop:

Aktivierung
- Wodurch werde ich aktiv?
- Was reizt mich, etwas zu unternehmen?
- In welchen Situationen fühle ich mich lebendig und stark?
- Wann komme ich besonders gut aus der Hüfte?
- Worauf beiße ich an?

Durchsetzung/Kampf
- In welchen Situationen kann ich mich besonders gut durchsetzen?
- Welche Strategien und Mittel habe ich, um mich durchzusetzen?

- Wie ist es um mein Durchhaltevermögen bestellt?
- Wofür kämpfe ich?
- Wovor kneife ich?

Feinde
- Wen mache ich mir wodurch zum Feind?
- Was haben meine Feinde, das ich nicht habe?
- Welchen Anfeindungen bin ich ausgesetzt, und warum?

Aggression
- Was macht mich so richtig aggressiv?
- Wann werde ich wütend?
- Wie gehe ich mit meiner Wut um?
- In welchen Situationen könnte ich alles kurz und klein schlagen?

Innerer Krieger/Verteidigung
- Wie reagiere ich auf persönliche Angriffe?
- Wie verteidige ich mich?
- Wann schieße ich über das Ziel hinaus?

Eroberung/Wettstreit
- Was reizt meinen Eroberungswillen?
- Wo und wie stelle ich mich dem Wettstreit mit anderen?
- Worin bin ich anderen überlegen?
- Welche Siege habe ich bislang errungen?

Körperkraft
- Wie ist mein körperlicher Gesamtzustand in Bezug auf Kraft, Vitalität und Stärke?
- Wie ist es um meine körperliche Energie und Spannkraft bestellt?
- Wie hoch ist mein Blutdruck?

- Welchen sportlichen und körperlichen Aktivitäten gehe ich nach?
- In welche körperlichen Auseinandersetzungen war ich verwickelt, und wie sind diese ausgegangen?

Frust/Depression
- Was frustriert mich?
- Was lässt mich niedergeschlagen sein?
- In welchen Situationen resigniere ich?
- Wann fühle ich mich schwach und kraftlos?

Sexualität/Innerer Mann
- Wie begehre ich sexuell?
- Wie lebe ich meine Sexualität?
- Was macht mich an?
- Welches Bild habe ich von meinem inneren Mann (Animus)?
- Als Frau: Welche Männer ziehen mich an?
- Als Mann: Wodurch fühle ich mich männlich?

Spannungsabbau
- Wie baue ich körperliche Spannungszustände ab?
- Kann ich toben? Wann? Wie?
- Wie setze ich meine Energien frei?
- In welchen Situationen könnte ich explodieren?

Entschiedenheit
- In welchen Situationen kann ich entschieden und entschlossen handeln?
- Wann kann ich mich schnell entscheiden?
- Wo neige ich zu überstürzten Reaktionen?
- Wann weiß ich nicht, was ich will?

Die Deutung der Marsstellung im Horoskop

Die Marsstellung gibt Aufschluss darüber, wie und wo wir uns durchsetzen, für unsere Ziele kämpfen und uns selbst behaupten möchten. Die Hausstellung beschreibt, worüber wir uns aufregen, was uns wütend macht und in welchen Situationen wir aus der Haut fahren könnten. Die Zeichenstellung lässt erkennen, wie wir diese Wut ausdrücken können.

Mars entspricht dem inneren Krieger und zeigt an, wie wir uns selbst verteidigen und wehren können, und aus welchen Gründen wir das tun. Über seine Zeichenstellung finden wir beschrieben, wie wir handeln, um unsere Ziele zu erreichen, und aus welchen Motiven heraus wir überhaupt aktiv werden. Spannungsaspekte zu anderen Planeten deuten Selbstbehauptungs- und Durchsetzungskonflikte an. Harmonisierende Aspekte unterstützen unser Durchsetzungsvermögen.

Mars entspricht auch dem Bild unseres inneren Liebhabers, den wir als Frau im Mann suchen und den wir als Mann in unseren Beziehungen gerne selbst ausdrücken. In gleichgeschlechtlichen Beziehungen ist meist bei einem der Partner der Marsausdruck stärker betont, so dass er »männlicher« wirkt als der andere Partner – unabhängig vom Geschlecht.

Jupiter ♃

Was Jupiter in uns bewegt

Ich sorge dafür, dass du mit Optimismus und Zuversicht durchs Leben gehst. Ich bin derjenige, der deinen Blick immer wieder nach oben richtet. Durch mich kannst du in die Ferne schweifen und neue Horizonte entdecken.

Ich verspreche viel, und mit etwas Glück führe ich dich zu Gott, wer oder was auch immer das sei. Ich lasse dich jedenfalls nicht durch ein sinnentleertes Leben gehen. Mir fällt immer wieder etwas ein, wovon du zu überzeugen bist. Am meisten gefällt mir, wenn du von dir selbst überzeugt bist.

Ich öffne dir die Augen für sämtliche Wachstumspotenziale deines Lebens. Ich will, dass du deine Möglichkeiten voll ausschöpfst. Genug ist mir nicht genug, es darf ruhig etwas mehr sein. Ein bisschen Übertreibung hat noch niemandem geschadet. Wenn du dir dein nächstes T-Shirt kaufst, nimm Größe XXL – mir zuliebe.

Ich bringe dich mit Menschen in Kontakt, die deine Größe sehen und dich deshalb unterstützen und fördern. Da ich deinen inneren Reichtum kenne und wertschätze, gebe ich auch dir die Großzügigkeit, andere Menschen zu unterstützen und zu fördern.

Ich will, dass du aus dem Vollen schöpfst. Ich öffne dir die Augen für den Überfluss des Lebens. Geben macht mich genauso selig wie Nehmen. Es ist genug für alle da, glaube mir.

Ich locke dich in die Ferne, denn es ist mir wichtig, dass du den Duft der großen weiten Welt atmest. Die Begegnung mit fremden Kulturen wird deinen Horizont erweitern.

Ich kann dich glücklich machen und dir viel Glück bringen, wenn du innerlich dafür bereit bist. Vertraue auf mich, und erwarte stets das Optimum. Ich helfe dir, in allem das Gute zu sehen.

Eine Begegnung mit mir hebt augenblicklich die Stimmung. Öffne mir die Tür, und dein Leben wird sich weiten. Durch mich wendet sich das Blatt zum Guten. Ich weiß alles besser. Mein Finger weist immer in die richtige Richtung. Darum folge mir – es wird zu deinem Besten sein.

Wenn du mir keinen Raum in deinem Leben lässt, dann beschere ich dir Überdruss und Trägheit. Im Glauben, dass alle gebratenen Tauben dieser Welt vorzugsweise in dein Maul zu fliegen haben, faulenzt du dann vor dich hin, ohne zu merken, wie das Leben an dir vorbeigeht und deine Potenziale ungenutzt bleiben.

Fragen zur Erforschung der persönlichen Jupiter-Thematik im eigenen Horoskop:

Horizonterweiterung
- Was hat in meinem Leben meinen Horizont erweitert?
- Was unternehme ich, um neue Perspektiven zu gewinnen?

Begeisterung/Optimismus
- Was begeistert mich?
- Wie reiße ich andere mit, bei welchen Themen, in welchen Lebensbereichen?
- In welchen Angelegenheiten bin ich besonders optimistisch?
- Was hebt meine Stimmung?

Großzügigkeit/Glück
- Wann fällt es mir leicht, großzügig zu sein?
- Wo schöpfe ich aus dem Vollen?
- Was gönne ich mir gerne?
- Was erfüllt mich?
- Wo bin ich ein Glückspilz?
- Was hat mir im Leben Glück gebracht?

Unterstützung
- Welche Menschen erhalten durch mich Unterstützung und Förderung?
- Wo bin ich in der Rolle eines Mäzens?

Expansion/Wachstum
- Wie und wodurch wachse ich?
- Wovon kann ich nicht genug kriegen?
- Welche Bereiche meines Lebens expandieren am meisten?
- Wo bin ich der Größte?

Weltanschauung/Glaube
- An was glaube ich?
- Was gibt mir Hoffnung?
- In welcher Weltanschauung bzw. Religion fühle ich mich zu Hause?
- Welchen »Göttern« folge ich?

Übertreibung
- Wo neige ich zu Übertreibungen?
- Welche Exzesse habe ich schon erlebt?
- Wann und warum mache ich zu viel des Guten?

Überzeugungen
- Wovon bin ich überzeugt?
- Welche Botschaften liegen mir besonders am Herzen?
- Wie überzeuge ich andere?

Reisen
- Welche inneren und äußeren Reisen habe ich bislang unternommen?
- Welche Ziele reizen mich?
- Zu welchen Horizonten möchte ich aufbrechen?
- Was liegt für mich in weiter Ferne?

Selbstgefälligkeit/Faulheit
- Wo bin ich selbstgefällig?
- Welche Weisheiten habe ich »mit dem Löffel gefressen«?

- Was steht mir wie selbstverständlich zu?
- Wann gelingt es mir besonders gut, zu faulenzen?

Hoffnungen
- Was macht mir Hoffnung?
- Wann fällt es mir leicht, zuversichtlich zu sein?
- Welche meiner Hoffnungen haben sich bislang erfüllt, welche nicht?

Die Deutung der Jupiterstellung im Horoskop

Die Zeichenstellung von Jupiter im Horoskop beschreibt, wie und wodurch wir uns neue Möglichkeiten erschließen, unseren Horizont erweitern und Hoffnung sowie Zuversicht schöpfen können. Jupiter symbolisiert Wachstum und Expansion, was sich auf psychologischer Ebene in Form von Optimismus und Zuversicht ausdrückt. Die Hausstellung von Jupiter lässt erkennen, in welchen Lebensbereichen wir wachsen und uns weiterentwickeln können.

Die Schattenseiten von Jupiter zeigen sich meist in Form von Faulheit und Trägheit und einer passiven Glückserwartung, die darin mündet, dass wir selbstgefällig werden und erwarten, die gebratenen Tauben mundgerecht serviert zu bekommen. Spannungsaspekte von Jupiter zu anderen Planeten können diese Haltung zusätzlich verstärken.

In seiner erlösten Form finden wir durch Jupiter zu einer sinnvollen Vision, nach der wir unser Leben ausrichten und die wir voller Zuversicht und Zielstrebigkeit verfolgen, um Erfüllung zu finden. Mit unserer Ausstrahlung bereichern wir dabei auch das Leben anderer Menschen, denen wir aus einer inneren Fülle heraus Förderung und Unterstützung zukommen lassen. Harmonisierende Aspekte von Jupiter zu anderen Planeten können uns dabei unterstützen.

Saturn ♄

Was Saturn in uns bewegt

Ich bringe Ordnung und Klarheit in dein Leben. Ich will, dass du dich nicht unnötig verausgabst, sondern deine Kräfte gebündelt und effektiv einsetzt. Sei dir stets deiner Endlichkeit bewusst und gehe sparsam mit dem um, was das Leben dir zur Verfügung stellt.

Ich habe Zeit, viel Zeit, deshalb lehre ich dich Geduld und ein Gespür für den Rhythmus und die Zyklen des Lebens.

Ich konfrontiere dich geduldig und ausdauernd mit den unerledigt gebliebenen Angelegenheiten deines Lebens. Ich will, dass du alles, was du angefangen hast, auch zu Ende führst. Darüber hinaus sorge ich dafür, dass alles, was du aussendest, wieder zu dir zurückkehrt. Ich will, dass du dir der Folgen deines Tuns bewusst wirst, und darin bin ich dir ein strenger Lehrmeister.

Als du mich kennen lerntest, habe ich dir Angst gemacht. Dabei wollte ich dich nur auf deine Grenzen aufmerksam machen. Du hast jedoch besonders krampfhaft versucht, locker zu bleiben und so zu tun, als sei alles normal. Deshalb musste ich manchmal besonders hart zu dir sein, damit du lernst, erwachsen zu werden und die Verantwortung für dein Leben zu übernehmen. Seit du deine Grenzen respektierst und im Rahmen deiner Möglichkeiten immer konkreter wirst, komme ich gut mit dir klar.

Ich helfe dir, dich auf das Wesentliche zu konzentrieren. Ohne eine gewisse Disziplin wirst du dein Leben nicht in den Griff bekommen. Nur in der Beschränkung zeigt sich der Weise.

Ich bin die Schwerkraft, die dir hilft, auf dem Teppich zu bleiben. Ohne mich hättest du dich gar nicht inkarniert. Damit du deine körperliche Existenz nicht vernachlässigst und mehr und mehr zu schätzen lernst, konfrontiere ich dich von Zeit zu Zeit mit schmerzlichen Erfahrungen. Ich habe eine besondere Vorliebe für Zahnschmerzen, vielleicht weil mir die Härte der Zähne besonders entspricht.

Ich helfe dir, dein Leben zusammenzufügen und ihm eine gewisse Struktur zu geben. Ich weiß, dass du mit jeder Schwierigkeit, die du bewältigst, reifer und gelassener wirst. Sei standhaft, wenn es sein muss, bis zum Hexenschuss.

Ich lehre dich, dass Grenzen auch Schutz und Sicherheit bedeuten. Ich will, dass du im richtigen Moment »Nein« sagen kannst und dich abgrenzt, wo es nötig ist. Durch mich kannst du viel im Leben erreichen. Ich bin sehr an deinem Status interessiert und möchte, dass du gesellschaftliche Verantwortung übernimmst. Wenn du nicht auf mich hörst, wirst du dich vor lauter Ängsten immer mehr hinter deinen Schutzmauern verschanzen und am Ende allein und von der Welt isoliert zurückbleiben.

Fragen zur Erforschung der persönlichen Saturn-Thematik im eigenen Horoskop

Einschränkung/Angst

- Wo fühle ich mich in meinen Möglichkeiten eingeschränkt?
- Wo werde ich benachteiligt?
- Was fällt mir schwerer als anderen?
- Wovor habe ich Angst?
- Wovor drücke ich mich lieber?
- In welchen Bereichen meines Lebens herrscht Mangel?

Struktur/Sicherheit

- Was gibt meinem Leben Struktur und Halt?
- Worauf stütze ich mich?

- Was gibt mir Sicherheit?
- Wessen möchte ich mir sicher sein?
- Wie bin ich versichert (Verträge)?
- Wo und wie gebe ich anderen Sicherheit und Halt?

Kompetenz
- Worin bin ich kompetent?
- Was habe ich mir erarbeitet?
- Worauf kann ich bauen?
- Wo bin ich ein Experte, eine Autorität?
- Wie gehe ich mit Autoritäten um?

Gesetze/Regeln
- Wie reagiere ich auf Regeln und Gesetze?
- Welche Regeln habe ich für mich selbst aufgestellt?
- Was bereitet mir ein schlechtes Gewissen?
- Wie geregelt ist mein Leben?

Verantwortung/Pflichten
- Für was fühle ich mich verantwortlich?
- Wofür bin ich in meinem Leben nicht bereit, die Verantwortung zu übernehmen?
- Wozu fühle ich mich verpflichtet?
- Welche Pflichten habe ich gegenüber anderen, der Gesellschaft?
- Was kann ich nicht verantworten?

Disziplin/Verzicht
- Unter welchen Umständen fällt es mir leicht, Disziplin zu üben?
- Wo mangelt es mir an Disziplin?
- Wie gehe ich mit meiner Zeit um?
- In welchen Situationen diszipliniere ich andere?

- Worauf kann (musste) ich verzichten?
- Wie gehe ich mit Einschränkungen um?

Grenzen
- Was begrenzt mich?
- Wie gehe ich mit Grenzen um?
- Wann und wie grenze ich mich ab?
- Wo fühle ich mich isoliert, einsam, alleine?

Weisheit
- Welche Weisheiten habe ich bislang errungen?
- Wer oder was weist mir den Weg?
- Wo bin ich Wegweiser für andere?
- Welchen Lehren und Lehrern bin ich gefolgt?
- Welche Erfahrungen haben mich viel gelehrt?

Ende/Tod
- Wie ist meine Einstellung zum Tod, zur Endlichkeit?
- Welche Abschiede gab es in meinem Leben?
- Wie gehe ich mit Trennungen um?
- Was habe ich bislang in meinem Leben zu Ende gebracht, vollendet?

Die Deutung der Saturnstellung im Horoskop

Die Zeichenstellung von Saturn im Horoskop beschreibt, wie und wodurch wir mit Grenzen und Einschränkungen konfrontiert werden und wie wir damit umgehen. Über Saturn begegnen wir unseren inneren Ängsten, die daraus resultieren, dass wir eng werden und unseren Blickwinkel so weit einschränken, dass wir überall nur noch Probleme sehen.

Als Reaktion auf diese Ängste, die sich auch in Form von Minderwertigkeitsgefühlen äußern können, kommt es oft zu so genannten Überkompensationen: Wir geben uns betont gelassen oder übertrieben locker, um die inneren Ängste zu überspielen und vor anderen zu verbergen. Über kurz oder lang stoßen wir dabei jedoch auf die Grenzen unseres zwanghaften Bemühens, sei es, weil uns die Kräfte dafür ausgehen oder wir immer verkrampfter werden, so dass andere die Unsicherheit bemerken, die sich hinter unserem Verhalten verbirgt.

Irgendwann zwingt Saturn uns auf die Knie und verlangt von uns, dass wir unsere Grenzen respektieren und mit unseren Schwächen und Unvollkommenheiten zu leben lernen. Interessanterweise führt die Akzeptanz dieser Tatsachen oft zu einer inneren Stärke und Meisterschaft. Hier zeigt sich Saturn von seiner erlösten Seite. Wenn es uns gelingt, die richtigen Bedingungen dafür zu schaffen, dass wir auch mit unseren Begrenzungen und Unvollkommenheiten leben können, dann werden wir oft zu Experten für das, was es braucht, um eine vermeintliche Schwäche in Stärke zu verwandeln.

Über Saturn können wir lernen, unsere innere Meisterschaft zu entwickeln, statt uns falsche Hoffnungen über Meister zu machen, die angeblich vom Himmel fallen. Dies bedeutet oft harte Arbeit. Wenn wir uns davor drücken, erhalten wir von Saturn die Quittung in Form von Niedergeschlagenheit und Depressionen.

Saturns Hausstellung im Horoskop gibt uns Hinweise, wo wir über Selbstdisziplin zu einer festen Struktur in unserem Leben finden können, auf die wir aufbauen und auf die wir uns verlassen können.

Spannungsaspekte von Saturn zu anderen Planeten zeigen an, was wir uns eher mühsam erarbeiten müssen und wo wir besonders stark mit unseren Grenzen konfrontiert werden. In der Beschränkung, die Saturn uns auferlegt, zeigt sich seine Weisheit. Dies zu erkennen, wird durch harmonisierende Aspekte von Saturn zu anderen Planeten unterstützt.

Die besondere Bedeutung der Saturn-Wiederkehr

Die Deutung der Saturnstellung im Horoskop hängt stark vom Lebensalter und Entwicklungsstand des betreffenden Menschen ab. Dies gilt zwar grundsätzlich auch für alle anderen Planeten im Horoskop, ist bei Saturn jedoch von besonderer Bedeutung.

Da Saturn in 28–30 Jahren einmal durch den Tierkreis läuft, erleben wir in diesem Lebensalter seine Wiederkehr zu der Stelle, an der er sich zum Zeitpunkt unserer Geburt befunden hat. Diese Phase wird als Saturn-Wiederkehr bezeichnet. Zum Zeitpunkt der ersten Saturn-Wiederkehr zwischen dem 28. und 30. Lebensjahr sollten wir endgültig erwachsen werden und gelernt haben, die volle Verantwortung für unser Leben zu übernehmen und nicht länger unsere Lebensumstände, die Eltern oder andere Personen für unser Glück und Unglück verantwortlich zu machen. Gelingt dies nicht, wird dies unsere weitere Entwicklung zunehmend belasten, und wir werden Saturn eher als unangenehmen Lehrmeister erleben, durch den wir uns selbst ständig behindert und eingeschränkt fühlen.

Chiron ⚷

Was Chiron in uns bewegt

Ich will, dass du deine Wunden kennen lernst. Ja, du bist verwundet, ohne dass du daran irgendwie schuldig wärst. Die Wunden, die ich meine, sind der Preis dafür, dass du dich in eine Welt inkarniert hast, in der du nicht alleine bist und die größer ist als du. Ich bin das Tor zwischen dem, was du persönlich verantworten kannst, und dem, was dir von kollektiven Kräften, die außerhalb deiner Verantwortung liegen, aufgebürdet wird. Deshalb verläuft meine Bahn am Himmel zwischen der von Saturn begrenzten Welt deiner persönlichen Verantwortung und Uranus, der diesen Rahmen sprengt und dir kollektive Dimensionen eröffnet.

Untersuche deine wunden Punkte genau, damit du sie kennen lernst. Du wirst sie nicht heilen können, aber sie zu kennen und zu akzeptieren kann heilsam für andere sein.

Wenn du lernst, mit deinen Verletzungen zu leben, helfe ich dir, mit deinem Wissen anderen zu helfen. Ich kann dich nicht von deinem Leiden erlösen, dich jedoch durch die Begegnung mit deinem Schmerz von dem Irrtum befreien, vollkommen und heil zu sein und in einer ebensolchen Welt zu leben.

Erst wenn du die Unvollkommenheit deines Lebens akzeptieren kannst, kann ich dich vollkommen von der Vorstellung befreien, ohne Wunden durchs Leben gelangen zu können. Wenn du diesen Preis nicht zahlen willst, wirst du durch mich zu einem Einzelgänger werden, der sich vom Leben zurückzieht und dadurch seine Wunden nur vergrößert und verschlimmert.

Fragen zur Erforschung der persönlichen Chiron-Thematik im eigenen Horoskop:

Achillesferse
- Was ist meine Achillesferse?
- Wo liegen meine wunden Punkte?

Wunden/Verletzungen
- Wo bin ich verletzt/verwundet?
- An welcher unheilbaren Wunde leide ich?
- Welche Wunden brechen immer wieder auf?
- Was habe ich getan, um mit meinen Wunden leben zu lernen?

Schmerz
- Welcher Schmerz begegnet mir immer wieder?
- Welche Schmerzen möchte ich nicht wahrhaben?
- Was hat sich in meinem Leben durch die Begegnung mit dem Schmerz verändert?

Heilung
- Was an mir ist heilsam für andere?
- Welche Heilungserfahrungen habe ich im Laufe meines Lebens gemacht?
- Wo bin ich unter Schmerzen heil geworden?

Einzelgänger
- In welchen Bereichen neige ich zum Rückzug, weil ich mich verwundet fühle?
- Wo werde ich zum Einzelgänger, um der Begegnung mit bestimmten schmerzhaften Erfahrungen auszuweichen?

Die Deutung der Chironstellung im Horoskop

Chiron ist ein Himmelskörper, der erst 1977 entdeckt wurde, sich inzwischen jedoch zu einem ernst zu nehmenden astrologischen Deutungsfaktor entwickelt hat. Seit seiner Entdeckung ist uns auf einer kollektiven Ebene zunehmend bewusst geworden, dass wir nicht länger in einer heilen Welt leben, sondern dass diese etwa durch Umweltverschmutzung, fortschreitende Naturzerstörung und das Ozonloch »verwundet« ist, ohne Aussicht darauf, jemals wieder heil zu werden. Wir müssen lernen, mit diesen »Wunden« zu leben und umzugehen und sie bestenfalls nicht noch weiter zu verschlimmern.

Chirons Stellung im Horoskop beschreibt daher unsere Achillesferse, den Punkt, an dem wir am meisten verwundbar sind. Im

Grunde genommen besteht diese Verwundbarkeit darin, dass wir bereits eine Wunde haben, die wir jedoch nicht akzeptieren können. Chirons Zeichenstellung gibt uns Hinweise darauf, worin diese Wunde bestehen könnte und was an dieser Wunde heilsam für andere ist. Dies klingt paradox, wird jedoch verständlich, wenn wir uns klarmachen, dass die Heilung im Sinne Chirons nicht darin besteht, die Wunde irgendwie »wegzukriegen«, sondern in der Auseinandersetzung mit ihr zu leben und unser Verhalten entsprechend zu ändern.

Wer seine Wunden kennt, ist Balsam für andere. Dies ist die Lektion eines erlösten Umgangs mit Chirons Stellung im Horoskop. In der Auseinandersetzung mit dem Schmerz finden wir zu einer Reife, die uns zu einem wahren Heiler werden lässt. Chirons Hausstellung verweist auf denjenigen Lebensbereich, in dem wir unser heilsames Potenzial, das wir durch die Auseinandersetzung mit unseren Wunden entwickelt und freigesetzt haben, zum Nutzen anderer einsetzen können.

In einer unerlösten Form werden wir durch Chiron zum Einzelgänger, der sich von der Welt zurückzieht, weil er sich verwundet und verletzt fühlt. Spannungsaspekte von Chiron zu anderen Planeten verstärken diese Tendenz. Seine harmonisierenden Aspekte erleichtern uns dagegen den Umgang mit unseren Wunden und Verletzungen.

Uranus ♅

Was Uranus in uns bewegt

Wenn du mehr Durchblick hättest, wärst du nicht immer so überrascht, wenn ich in deinem Leben auftauche. Denn ich zeige dir nur die andere Seite der Dinge, die in deinem Leben eine Rolle spielen. Aber in deiner Beschränktheit glaubst du, ich wollte dich überraschen. Dabei will ich lediglich, dass du den größeren Zusammenhang begreifst.

Ich kann nichts dafür, wenn du die meiste Zeit wie ein Schlafwandler durchs Leben läufst und ich dich immer wieder wachrütteln muss. Mit meinen Geistesblitzen reiße ich dich aus dem Alltagstrott und vermittle dir neue Erkenntnisse, deren Klarheit und Kühle dich schaudern lassen.

Ich sorge dafür, dass du nicht zum Gefangenen deiner selbst wirst. Ich will, dass du frei bist, und stelle dich über die Dinge, wenn es sein muss, bis zum Wadenkrampf. Ich führe dich in neue, ungeahnte Dimensionen deiner Existenz.

Ich wehre mich gegen deine Tendenz zur Anpassung. Deshalb nähre ich den Rebellen in dir und treibe dich auf immer neue Barrikaden. Ich mag den Außenseiter in dir, denjenigen Teil, der gegen den Strom zu schwimmen vermag.

Ich achte darauf, dass du nicht als Abziehbild durch die Gegend läufst. Deshalb helfe ich dir, deine Originalität zu entwickeln und auszudrücken. Ich kenne den Clown in dir, deinen Witz und deinen Humor. Mit mir zusammen kannst du ausflippen und so richtig verrückt sein. Bei mir ist das ganze Jahr Karneval.

Ich will, dass du Abstand hältst – ohne Distanz kein Überblick. Es ist gut, wenn du dich von Zeit zu Zeit auch von dir selbst distanzierst. Erkenne das Lächerliche an deinen engstirnigen Identifikationen, denn das fördert deine Toleranz.

Fragen zur Erforschung der persönlichen Uranus-Thematik im eigenen Horoskop:

Freiheit
- Was macht mich frei?
- Welche Freiheiten nehme ich mir?

- Welche Freiräume bietet mein Leben?
- Was mache ich, wenn ich mich eingesperrt fühle?
- Wie reagiere ich auf die Freiheitsbedürfnisse anderer?

Unabhängigkeit
- Wann, wie und wodurch fühle ich mich unabhängig?
- Wie reagiere ich, wenn ich mich von etwas bzw. jemandem abhängig fühle?

Rebellion
- Was macht mich rebellisch?
- Gegen welche Menschen bzw. Situationen habe ich mich in meinem Leben aufgelehnt?
- Wann und warum steige ich auf die Barrikaden?
- Was sind meine eigenen rebellischen Botschaften?

Originalität
- Wie originell bin ich?
- Wann fällt es mir leicht, aus dem Rahmen zu fallen?
- Was unterscheidet mich von anderen?
- In welchen Situationen bin ich besonders unkonventionell?

Unberechenbarkeit
- In welchen Situationen bin ich von mir selbst überrascht?
- Was lässt mich unberechenbar werden?
- Wie reagiere ich auf Überraschungen?
- Womit habe ich in meinem Leben nicht gerechnet?
- Welche plötzlichen Ereignisse sind mir widerfahren?

Clown
- Wann kann ich über mich selbst lachen?
- Was weckt meinen Humor?

- In welchen Situationen vergeht mir das Lachen?
- Welche Rollen habe ich zur Karnevalszeit bereits gespielt?
- Welche Gesichter hat der Clown in mir?

Distanz
- Wann und wie verschaffe ich mir Distanz?
- In welchen Situationen halte ich gerne Abstand?
- Wovon distanziere ich mich?

Außenseiter
- Wann, wie und wodurch werde ich zum Außenseiter?
- Wie gehe ich mit Außenseitern um?
- Was finden andere merkwürdig an mir?
- Wo möchte ich nicht dazugehören?

Verrücktheit
- Was sind meine verrückten Seiten?
- Was macht mich verrückt?
- Wann, warum, auf welche Weise flippe ich aus?

Ideen/Experimente
- Welche (verrückten/fixen) Ideen törnen mich an?
- Welche Ideen und Interessen verbinden mich mit anderen?
- Wann und womit experimentiere ich?
- Wie ist mein Verhältnis zu neuen Technologien und Erfindungen?

Genialität/Geistesblitz
- Was an mir ist genial?
- Was war mein genialster Einfall?

- In welchen Situationen habe ich große Geistesgegenwart bewiesen?
- Wie gehe ich mit Geistesblitzen um?

Die Deutung der Uranusstellung im Horoskop

Uranus ist der große Befreier, der uns nach Unabhängigkeit und Originalität streben lässt. Seine Zeichenstellung lässt erkennen, wie wir unser Bedürfnis nach Freiheit ausdrücken und welche Themen dabei eine Rolle spielen. Über Uranus entwickeln wir eine gewisse Originalität, die geniale Züge tragen, zum Teil jedoch äußerst skurrile Formen annehmen kann.

Seine Hausstellung zeigt an, in welchen Lebensbereichen wir uns rebellisch verhalten und uns der Anpassung an gängige Normen verweigern. Seine Spannungsaspekte zu anderen Planeten lassen uns willkürlich und unberechenbar handeln, und auf eine zwanghafte Weise unangepasst und rücksichtslos erscheinen. Harmonisierende Aspekte zu anderen Planeten schärfen unsere Intuition und helfen uns, nach unseren eigenen Maßstäben zu leben und zu handeln.

Die Uranus-Generationen

Da sich seine Zeichenstellung im Durchschnitt nur alle sieben Jahre ändert, gibt es jeweils eine bestimmte Generation, die Uranus im gleichen Zeichen hat. Im Folgenden wird mit Stichworten kurz umrissen, wogegen die jeweilige Generation rebelliert, wovon sie sich befreien möchte und welchen Ideologien sie verfallen kann. Die aufgeführten Jahreszahlen stellen Näherungswerte dar, den genauen Zeichenwechsel entnehmen Sie bitte aus den Ephemeriden:

Uranus in Widder (1927/28–1934/35)
Die Rebellion gegen alles, was stärker ist. Die Befreiung aus dem Einzelkämpferdasein. Die ideologische Gleichschaltung der individuellen Tat- und Willenskraft.

Uranus in Stier (1934/35–1941/42)
Die Rebellion gegen Besitzstände. Die Befreiung aus erstarrten Sicherheiten. Die Ideologisierung von Blut und Boden.

Uranus in Zwillinge (1941/42–1948/49)
Die Rebellion gegen das Nicht-wissen-Wollen. Die befreiende Nachricht. Die Informationsfreiheit. Die ideologische Aufklärung.

Uranus in Krebs (1948/49–1955/56)
Die Rebellion gegen Herkunft und Familie. Die Befreiung aus seelischen und emotionalen Abhängigkeiten. Die Ideologisierung des Mütterlichen zu Reproduktionszwecken.

Uranus in Löwe (1955/56–1961/62)
Die Rebellion gegen selbstherrliche Autoritäten. Die Befreiung aus der Identifikation mit der eigenen Persönlichkeit. Der ideologisch verbrämte Ego-Trip.

Uranus in Jungfrau (1961/62–1968)
Die Rebellion gegen jede Form des Angepasstseins. Die Befreiung aus Leistungszwängen. Die Konformitätsideologie.

Uranus in Waage (1968–1974/75)
Die Rebellion gegen überholte Beziehungsformen. Die Befreiung aus der Pseudo-Harmonie. Die Ideologie der »freien Liebe«.

Uranus in Skorpion (1974/75–1981)
Die Rebellion gegen Tabus und verdrängte Wahrheiten. Die sexuelle Befreiung. Die therapeutische Stirb-und-Werde-Ideologie.

Uranus in Schütze (1981–1988)
Die Rebellion gegen religiöse Bevormundung. Die Befreiung aus überholten Weltanschauungen. Die Wachstumsideologie.

Uranus in Steinbock (1904/05–1911/12; 1988–1995/96)
Die Rebellion gegen Struktur und Ordnung. Die Befreiung aus staatlichen Normen und Gesetzen. Das Umstürzen ideologischer Mauern.

Uranus in Wassermann (1911/12–1919/20; 1995/96–2003)
Die Rebellion gegen geistige Abhängigkeit. Die digitale Befreiung. Die Vernetzungs-Ideologie.

Uranus in Fische (1920–1927 und 2003–2010)
Die Rebellion gegen das Opferdasein. Die Befreiung aus der Sucht. Die »Paradies-auf-Erden«-Ideologie.

Neptun ♆

Was Neptun in uns bewegt

Ich bin der große Verschmelzungskünstler und lasse dich grenzenlos werden, damit du dich mit allem verbunden fühlen kannst, was dich umgibt. Es ist schwer, meinen Verführungskünsten zu widerstehen. Ich möchte nicht, dass du »nein« sagst und dich von anderen abgrenzt. Lass dich treiben und sei offen für das, was geschehen möchte. Löse dich von allen Plänen und bleibe innerlich im Fluss.

Ich will, dass du deinen Träumen folgst und deinen inneren Bildern Raum gibst. Durch mich kannst du verborgene Zusammenhänge erspüren und mit meinen tausend Antennen auch übersinnliche Botschaften empfangen. Ich stimme dich auf den Zeitgeist ein und lasse dich künftige Trends erahnen.

Ich löse dein kleines Ego auf, damit du dein Einssein mit allem erkennst. Dadurch kannst du die Erlösung finden, nach der du ständig suchst. Dieses Suchen ist es, was dich süchtig macht. Hinter jeder deiner kleinen und großen Süchte steht die Sehnsucht nach dem Einssein mit der Existenz, letztlich mit Gott, den du durch mich kennen lernen kannst. Ich zeige dir die spirituellen Dimensionen deiner Existenz, und wenn du willst, führe ich dich deiner höheren Bestimmung zu. Ich verfüge über unendlich viele mystische Erfahrungen, an denen ich dich teilhaben lassen möchte, und helfe dir, in Kontakt mit deinem Schutzengel zu kommen.

Vertraue meiner Führung, denn ich kenne mich aus im Dschungel der unzähligen Heilslehren, die dich verwirren und für fremde Ziele einspannen möchten. Ich werde dir den richtigen Weg weisen, den du, ohne es zu wissen, schon seit langem kennst. Folge deiner inneren Stimme, dort wirst du mir begegnen.

Ich liebe es, dich zu verwirren und für Unklarheiten zu sorgen, damit du hinter die Dinge schauen kannst und dich nicht vorschnell festlegen lässt. Ich neige auch zu Idealisierungen, aber nur, damit dein Möglichkeitssinn nicht verkümmert und deine inneren Bilder nichts von ihrer Leuchtkraft verlieren.

Wenn du mir keinen Raum für meine Visionen gibst, werden dir auch die Televisionen aus deinem Kabelanschluss keinen Ersatz für deine innere Unzufriedenheit bieten. Du kannst dich noch so sehr an Drogen berauschen, dein inneres Paradies wirst du so nicht wieder finden. Deine Haltlosigkeit und deine melancholischen Verwirrungen zeugen stets davon, dass du den Kontakt zu mir verloren hast. Doch durch mein Mitgefühl mit allem, was leidet, einschließlich dir selbst, wirst du immer wieder zu mir zurückfinden – ich vertraue darauf.

Fragen zur Erforschung der persönlichen Neptun-Thematik im eigenen Horoskop:

Suchtverhalten
- Inwieweit ist mein Leben von Suchtverhalten gekennzeichnet?
- Wonach sehne ich mich in meiner Sucht?
- Was verändert sich bei mir, wenn ich Alkohol bzw. andere Drogen konsumiere?

Helfer-/Opferhaltung
- Welche Retterrollen übernehme ich?
- Wo und wie spiele ich den »Erlöser«?
- Was glaube ich immer wieder opfern zu müssen?
- Wo fällt es mir schwer, Schwäche zuzulassen?
- Auf welche Hilferufe springe ich an?

Verschmelzung/Auflösung
- In welchen Momenten erlebe ich Verschmelzung und Eins-Sein?
- Wodurch fühle ich mich besonders mit anderen verbunden?
- Wann bin ich besonders durchlässig?
- Wie und wodurch kann ich mich entgrenzen, auflösen?
- Wie fühle ich mich in Auflösungszuständen?

Möglichkeitssinn/Träume
- Wie steht es um meine Fantasie?
- In welchen Situationen spüre ich mein Vorstellungsvermögen besonders stark?
- Welchen Stellenwert haben (Tag-)Träume in meinem Leben?
- Wovon träume ich insgeheim?
- Welche (inneren) Bilder sprechen mich an?
- Was kann ich mir besonders gut ausmalen (vorstellen)?

Meditation
- Wie finde ich in meinem Leben zu Stille und Meditation?
- In welchen Situationen bin ich gelöst und entspannt?

Weltflucht
- Wo und wie entziehe ich mich den Anforderungen des Alltags?
- Welches Ausweichverhalten ist mir vertraut?
- Wie entkomme ich meinen Pflichten?
- Wovor bin ich auf der Flucht?

Im Fluss bleiben/Hingabe
- Wo gelingt es mir besonders gut, im Fluss zu bleiben?
- Wann und in welchen Situationen kann ich mich leicht hingeben?
- In welchen Lebensbereichen lege ich mich nur ungern fest?

Verwirrung/Unklarheit
- Was verwirrt mich immer wieder?
- Wie und warum stifte ich selbst Verwirrung?
- Wo bleibe ich unklar, vage?

- Welches sind meine ungeklärten Lebensfragen?
- Was möchte ich lieber nicht genau wissen, und warum?

Rausch, Ekstase

- Was sind die ekstatischen Momente in meinem Leben?
- Wodurch gerate ich in Verzückung?
- Woran kann ich mich berauschen?

Göttliche Unzufriedenheit/Ideale

- Wo versuche ich immer wieder, perfekt zu sein?
- Was in meinem Leben soll (muss) vollkommen sein?
- Was idealisiere ich, aus welchen Gründen?
- Welches ist mein höchstes Ideal?
- Welche Vorbilder spielten bzw. spielen in meinem Leben eine wichtige Rolle?

Transzendenz

- Wie und wodurch erlebe ich Gott bzw. das Göttliche in meinem Leben?
- Wobei erlebe ich heilige Momente?
- Wie stelle ich Kontakt zu meinen spirituellen Kräften her?
- In welchen Lebensbereichen herrschen Licht und Frieden?

Die Deutung der Neptunstellung im Horoskop

Die Stellung von Neptun im Horoskop zeigt an, wo und wie wir nach einem Zustand der Entgrenzung suchen und uns mit unserer Umgebung und anderen verbunden fühlen möchten. Über Neptun gelangen wir über unsere Alltagsrealität hinaus und folgen unserer Sehnsucht nach dem Göttlichen. Auf welche Irrwege wir dabei geraten können und welchen Versuchungen und Verführbarkeiten wir dabei ausgesetzt sind, das lässt sich anhand der Neptunstellung im Horoskop erkennen.

Seine Hausstellung verweist auf diejenigen Lebensbereiche, in denen wir besonders durchlässig sind, uns nur schwer abgrenzen können, andere zu retten versuchen oder uns selbst zum Opfer äußerer Lebensumstände machen. Spannungsaspekte von Neptun zu anderen Planeten lassen uns um den Ausdruck ihrer spirituellen Seiten kämpfen und gehen mit einer tiefen Sehnsucht einher, die Energie der beteiligten Planeten in erlöster Form zu leben. Spannungsaspekte können uns davor bewahren, in die Sucht oder den spirituellen Selbstbetrug abzugleiten.

Seine harmonisierenden Aspekte zu anderen Planeten können uns leicht dazu verführen, in einer Traumwelt zu leben und uns über Suchtverhalten dem Leben ein Stück weit zu entziehen. Sie wiegen uns in der trügerischen Sicherheit, dem Göttlichen nahe zu sein, obwohl wir in Wirklichkeit lediglich in unsere Illusionen verstrickt sind.

Die Neptun-Generationen

Neptun braucht etwa 165 Jahre, um einmal durch alle Tierkreiszeichen zu wandern. Seine Zeichenstellung kennzeichnet ähnlich wie bei Uranus jeweils eine ganze Generation, die Neptun im gleichen Zeichen hat. Im Folgenden wird für jede Zeichenstellung kurz umrissen, was die jeweilige Generation idealisiert, wovon sie sich Erlösung erhofft, worüber sie sich mit der Welt verbunden fühlen möchte und welches Suchtverhalten daraus resultieren kann. Die aufgeführten Jahreszahlen stellen Näherungswerte dar, den genauen Zeichenwechsel entnehmen Sie bitte aus den Ephemeriden.

Neptun in Krebs (1901/02–1914/15)
Die Heiligung der Familie. Die Idealisierung der Heimat. Der Wunsch, von seelischer Abhängigkeit erlöst zu werden. Die Gefühlssüchtigen.

Neptun in Löwe (1914/15–1928/29)
Die Heiligung des Egos. Die Idealisierung des persönlichen Eigenwerts. Der Wunsch, von der eigenen Individualität erlöst zu werden. Die Suche nach Verschmelzung über die Transzendierung der Persönlichkeit. Die Egosüchtigen.

Neptun in Jungfrau (1928/29–1942/43)
Die Heiligung der Konformität. Die Idealisierung alles Verwertbaren und Nützlichen sowie die Anpassung daran. Der Wunsch, vom eigenen Spießertum erlöst zu werden. Die Unterwerfungssüchtigen.

Neptun in Waage (1942/43–1956/57)
Die Heiligung der Liebe. Die Idealisierung von Beziehungen. Der Wunsch, von der eigenen Unentschiedenheit erlöst zu werden. Die Beziehungs- und Harmoniesüchtigen.

Neptun in Skorpion (1956/57–1970)
Die Heiligung des Sexes. Die Idealisierung von Stirb-und-Werde-Prozessen. Der Wunsch, von der eigenen Tiefe erlöst zu werden. Die Therapiesüchtigen.

Neptun in Schütze (1970–1984)
Die Heiligung des Glaubens. Die Idealisierung von Weltanschauungen. Der Wunsch, vom eigenen Besserwissertum erlöst zu werden. Die Sinnsüchtigen.

Neptun in Steinbock (1984–1998/99)
Die Heiligung von Tatsachen und Fakten. Die Idealisierung von Recht und Ordnung. Der Wunsch, von der eigenen Verantwortung erlöst zu werden. Die Realitätssüchtigen.

Neptun in Wassermann (1998/99–2011/12)
Die Heiligung des Fortschritts. Die Idealisierung von kollektiven Notwendigkeiten. Der Wunsch, von irdischer Gebundenheit erlöst zu werden. Die Gruppen- und Gleichgesinnungssüchtigen.

Pluto ♇

Was Pluto in uns bewegt

Ich bin die Kraft, die Wandlung schafft. Meine Botschaft lautet: »Lass los!« Was auch immer dich binden und faszinieren mag und dich glauben lässt, ohne es nicht leben zu können – lass es endlich los. Es gibt nichts, was du angesichts deines Todes nicht ohnehin verlieren wirst. Ich lehre dich zu sterben, damit du leben kannst.

Ich will, dass du deine innere Wahrheit erkennst und ihr folgst. Wenn ich dir, was leider oft der Fall ist, Schmerzen bereiten muss, dann nur, um dich an deine innere Wahrheit zu erinnern. Ich sorge dafür, dass du wahrhaftig bleibst und immer tiefer zu dir selbst vordringst. Du wirst mich dafür oftmals hassen.

Ich handle nicht aus egoistischen Motiven heraus, und ich kann auch bei dir ein solches Verhalten nur selten dulden. Du bist nur einer von sechs Milliarden Menschen – das hat seinen Preis und seine Konsequenzen, die ich bei dir einfordern muss.

Ich lehre dich Demut, indem ich deinen Willen mit kollektiven Notwendigkeiten in Einklang bringe. Wir sitzen alle im selben Boot. Selbst das Gift, das du ausscheidest, kehrt wieder zu dir zurück.

Ich sorge dafür, dass du dich tief auf das Leben einlässt. Deshalb bringe ich dich mit faszinierenden Dingen und Menschen in Kontakt. Ich tue alles, um deine Leidenschaften zum Blühen zu bringen. Die Leiden, die dies schafft, werden dich wandeln und dafür sorgen, dass du dich entwickeln kannst.

Ich will, dass du intensiv lebst und nicht vergisst, dass der Tod dir stets über die Schulter schaut. Gehe mit leichtem Gepäck durchs Leben und lerne das Schöne wie das Belastende loszulassen. Du wirst auch deine letzte Reise mit leeren Händen anzutreten haben. Selbst wenn du der reichste Mensch bist, der auf dem Friedhof begraben liegt, du wirst nichts von deinen Schätzen mitnehmen können.

Ich lehre dich den Umgang mit der Macht und zeige dir deine Ohnmacht meist dann, wenn es dir besonders unangenehm ist. Ich kann ungeheure Energien in dir freisetzen, die dir eine gewaltige Ausstrahlung und großen Einfluss verschaffen können.

Doch hüte dich davor, dich mit diesen Energien zu identifizieren und sie nur für deine Interessen zu nutzen. Diese Form der Hybris wurde schon von den Göttern im antiken Griechenland am härtesten bestraft.

Du bist es gewohnt, die Welt in Täter und Opfer einzuteilen. Wenn du jedoch anfängst, dich zu deinen Taten und deinem Leben zu bekennen, dann wirst du erkennen, dass es keine Opfer gibt. Ich will, dass du dich im Licht der Sonne zu dir bekennst. Ich dulde keine Schatten und zeige stets auf das, was im Verborgenen und Unbewussten liegt. Mich zu verdrängen, kostet dich deine Lebendigkeit. Du wirst erstarren, lange bevor du stirbst.

Ich weiß, dass ich dir Angst mache. Ich bin dir oft unheimlich.

Das lässt dich eng werden, und du verkrampfst dich total. Verbissen verteidigst du dann deine vermeintlichen Schätze, ohne das große Ganze zu sehen. Versuche nicht, das Leben unter Kontrolle zu halten. Es gibt eine Kraft, die größer ist als du – du nennst sie Chaos. In Wahrheit ist sie die Fülle des Nichts.

Ich konfrontiere dich mit der Macht des Unausweichlichen, und ich dulde kein »vielleicht«. Du kannst mir auf Dauer nicht entkommen. Falls du mich suchst – halte in Extremsituationen Ausschau nach mir, ich werde da sein!

Wenn du nichts mehr willst, wenn du total losgelassen hast und völlig nackt dastehst, dann erst kann sich mein Reichtum entfalten, und du wirst reich beschenkt werden. Du weißt nicht, wovon ich rede? Dann folge mir.

Fragen zur Erforschung der persönlichen Pluto-Thematik im eigenen Horoskop:

Stirb und Werde
- Wie und wodurch sind in meinem Leben Wandlungsprozesse ausgelöst worden?
- Welche Grenzerlebnisse sind mir widerfahren?
- Was in meinem Leben ist endgültig vorbei bzw. unwiederbringlich verloren?
- Welche meiner Lebensbereiche sind erstarrt oder fühlen sich wie abgestorben an?

Intensität und Leidenschaft
- Wo und wie erlebe ich Momente größter Intensität?
- Mit welchen Leidenschaften habe ich mir Leiden geschaffen?
- Wo bin ich mit Leidenschaft dabei?
- Wann werde ich zwanghaft?
- Wo bin ich nicht zu Kompromissen bereit?

Abgründe/Hass

- Welche Abgründe gibt es in meinem Leben?
- Wo stehe ich am Abgrund?
- Was verabscheue ich abgrundtief?
- Was oder wen hasse ich bzw. kann ich auf den Tod nicht ausstehen?
- Was kann ich mir selbst nicht vergeben?
- Was kann bzw. konnte ich anderen Menschen nicht vergeben?

Tiefe/Geheimnisse

- Was liegt für mich in der Tiefe, im Verborgenen?
- Wo und wie zeige ich »Tiefgang«?
- Was lockt mich in die Unterwelt?
- Was finde ich geheimnisvoll?
- Wie gehe ich mit Geheimnissen um?
- Welche Schätze sind in mir verborgen?

Ressourcen/Krisen

- Welche inneren Ressourcen stehen mir in Krisenzeiten zur Verfügung?
- Aus welchen Krisen ist mir Kraft zugewachsen?
- Wie verhalte ich mich in Extremsituationen bzw. in Augenblicken großer Gefahr?

Macht/Ohnmacht

- Wann, wie und wodurch fühle ich mich ausgeliefert und ohnmächtig?
- Was macht mich hilflos?
- Wovon fühle ich mich abhängig?
- Über welche Mächte kann ich verfügen?
- Welche Mächte bzw. Mächtigen haben mein Leben bestimmt?

- Wie übe ich Macht aus?
- Wo neige ich, vielleicht aus Angst vor Veränderungen, zu manipulativem Verhalten?

Faszination/Besessenheit
- Was fasziniert mich?
- Was finde ich unwiderstehlich?
- In welchen Situationen werde ich fanatisch?
- Wovon bin ich besessen?

Schicksal/Kollektiv
- An welchen Stellen ist in meinem Leben das »Schicksal« über mich hereingebrochen?
- In welchen Situationen bin ich mit Mächten konfrontiert worden, die größer waren als ich?

Wahrheit/Wahrhaftigkeit
- Welche tiefen Erkenntnisse und Wahrheiten habe ich gefunden?
- Wie ist mein Verhältnis zur Wahrheit?
- Wann bin ich echt und aufrichtig?
- In welchen Situationen fällt es mir schwer, zu meiner eigenen Wahrheit zu stehen?
- Wann bin ich meiner inneren Stimme gefolgt?

Tabus/Skandale
- Was ist für mich tabu?
- Wo hängen in meinem Lebensgarten die verbotenen Früchte?
- Was finde ich skandalös?
- Welche »Skandale« habe ich selbst schon ausgelöst bzw. inszeniert?
- Wann bin ich dem Reiz des Verbotenen begegnet?

Traumata/Kontrollverlust
- In welchen Situationen verliere ich total die Kontrolle?
- Welches sind bzw. waren für mich traumatische Erlebnisse?

Die Deutung der Plutostellung im Horoskop

Die Plutostellung im persönlichen Horoskop entspricht dem Knotenpunkt, an dem persönliches Schicksal am machtvollsten mit dem Kollektivschicksal verknüpft ist, wodurch wir immer wieder tief greifenden Wandlungsprozessen ausgesetzt sind. Die Hausstellung Plutos verweist auf diejenigen Lebensbereiche, in denen wir unser größtes Machtpotenzial entfalten und ungeheure Energien bündeln und einsetzen können, jedoch gleichzeitig mit intensiven Stirb-und-Werde-Prozessen konfrontiert sind. Über die Hausstellung können wir erkennen, in welchen Situationen wir tiefsitzenden Ängsten begegnen, in zwanghafte Verhaltensmuster geraten und verstärkt mit Macht/Ohnmachtserfahrungen zu tun haben.

Plutos Aspekte zu anderen Planeten bringen schmerzhafte Verlusterfahrungen bei der Verwirklichung unserer persönlichen Anliegen mit sich und fordern uns dazu auf, die Verfolgung persönlicher Ziele stets in einem größeren, kollektiven Bezugsrahmen anzugehen. Spannungsaspekte verschärfen den Konflikt zwischen individueller Selbstentfaltung und kollektiven Notwendigkeiten, harmonisierende Aspekte unterstützen persönliche Wandlungsprozesse.

Die Pluto-Generationen

Pluto braucht etwa 248 Jahre, um einmal durch den Tierkreis zu wandern. Aufgrund seiner stark elliptischen Bahn bewegt er sich durch manche Tierkreiszeichen besonders schnell (Skorpion: ca. 13 Jahre), durch andere besonders langsam (Stier: ca. 30 Jahre). Anhand der Zeichenstellung von Pluto lassen sich daher, ähnlich wie bei Uranus und Neptun, bestimmte Generationen unterscheiden. Im Folgenden wird für jede Zeichenstellung kurz umrissen, welche Werte die jeweilige Generation zerstören und transformieren möchte, welchen Zwängen sie unterworfen ist, und wo sie intensive Macht/Ohnmachtserfahrungen durchlebt. Die aufgeführten Jahreszahlen stellen Näherungswerte dar, den genauen Zeichenwechsel entnehmen Sie bitte aus den Ephemeriden.

Pluto in Krebs (1913/14–1937/39)
Zerstörung und Wandlung emotionaler Bindungen (Familie, Sippe, Heimat). Der Zwang zu kollektiven Emotionen. Die Macht des Volkes. Die Ohnmacht der Seele.

Pluto in Löwe (1937/39–1956/58)
Die Zerstörung falscher Autoritäten und die Transformation der persönlichen Eigenart. Der Zwang zu persönlichen Egotrips. Die Macht der Selbstverwirklichung. Die Ohnmacht der Individualisten.

Pluto in Jungfrau (1956/58–1971/72)
Die Zerstörung der Konformität. Die Transformation krank machender Arbeits- und Lebensstrukturen. Der Zwang zur Perfektion. Die Macht der Dienstleistung. Die Ohnmacht der Zersplitterung.

Pluto in Waage (1971/72–1983/84)
Die Zerstörung der Harmonie. Die Transformation zwischenmenschlicher Beziehungen. Der Zwang zur Diplomatie. Die Macht der Liebe. Die Ohnmacht des Friedens.

Pluto in Skorpion (1983/84–1995)
Die Zerstörung von Geheimnissen. Die Transformation des Sexus. Der Zwang zur Verdrängung. Die Macht der Wandlung. Die Ohnmacht der Wahrheit.

Pluto in Schütze (1995–2008)
Die Zerstörung des Glaubens. Die Transformation von Weltanschauungen. Der Zwang zur Überzeugung. Die Macht von Visionen. Die Ohnmacht des Guten und Besseren.

Rückläufige Planeten

Zur Bestimmung des Ortes, an dem sich ein Planet zu einem bestimmten Zeitpunkt befindet, werden u. a. die zwölf Tierkreiszeichen der Ekliptik herangezogen. Dabei kann es nun vorkommen, dass sich Planeten, von der Erde aus gesehen, eine Zeit lang rückwärts durch den Tierkreis bewegen.

Wie kommt die Rückläufigkeit der Planeten zustande?

Zunächst ist es wichtig, sich klarzumachen, dass es sich bei der Rückläufigkeit um ein geozentrisches Phänomen handelt, d. h. dass sich die Planeten nur von der Erde aus gesehen rückwärts bewegen, ansonsten jedoch weiterhin auf ihrer Bahn die Sonne umkreisen.

Um zu verstehen, wie das Phänomen der Rückläufigkeit zustandekommt, brauchen Sie sich lediglich den Überholvorgang auf der Autobahn einmal bewusst anzuschauen (bitte nur als Beifahrer). Wenn Sie sich auf der Überholspur befinden und das zu überholende Auto im Blick haben, dann werden Sie feststellen, dass ab einem bestimmten Punkt des Überholvorgangs das Auto, das Sie gerade überholen, rückwärts an Ihnen vorbeizieht, obwohl es natürlich ebenso wie Sie weiterhin vorwärts auf der Autobahn fährt. Die Rückwärtsbewegung kommt dadurch zustande, dass Sie sich schneller fortbewegen als das Auto, das Sie überholen.

Analog zu diesem Beispiel kommt die Rückläufigkeitsbewegung der äußeren Planeten dadurch zustande, dass sie auf ihrer Bahn um die Sonne von der schnelleren Erde überholt werden, bzw. bei den inneren Planeten, dass sie schneller als die Erde sind. Merkur und Venus werden als innere Planeten bezeichnet, da sie sich zwischen der Erde und der Sonne bewegen, die restlichen Planeten bewegen sich außerhalb und werden daher als äußere Planeten bezeichnet.

Einige Fakten zur Rückläufigkeit

Die Rückläufigkeit der Planeten ist eng mit ihrer Stellung zur Sonne verknüpft. So werden Merkur und Venus nur dann rückläufig, wenn sie der Sonne nahe sind (Konjunktion). Die restlichen Planeten werden nur dann rückläufig, wenn sie der Sonne in etwa gegenüberstehen (Opposition). Während ihrer Rückläufigkeitsphase sind die Planeten der Erde am nächsten. Venus und Mars sind während ihrer Umlaufzeit nur etwa 7–9% rückläufig, Jupiter etwa 30%, und Uranus, Neptun und Pluto zwischen 41–44%. Die Wahrscheinlichkeit, mindestens einen rückläufigen Planeten im Horoskop zu haben, ist daher sehr hoch.

Zur Deutung der Rückläufigkeit

Rückläufige Planeten richten ihre Ausdruckskraft zunächst nach innen statt nach außen. Sie fordern uns dazu auf, uns innerlich mit ihren Anliegen auseinander zu setzen und bestimmte Fähigkeiten zu entwickeln, ehe wir damit nach außen gehen, um uns in der Welt zu verwirklichen. Bei rückläufigen Planeten müssen wir eine innere Meisterschaft ausbilden, ehe wir sie dazu einsetzen können, das Leben im Außen zu meistern. Sie gehen daher oft mit einer verzögerten Entwicklung einher, die dafür die Ausbildung besonderer Fähigkeiten erlaubt, die uns später im Leben zu einem Experten für diejenigen Themen werden lassen, die mit den rückläufigen Planeten in Zusammenhang stehen.

Bei einem rückläufigen Merkur kann beispielsweise die Lern- und Sprachentwicklung verzögert oder gar gehemmt sein. Das Kind mit einem rückläufigen Merkur im Horoskop hat beim Heranwachsen vielleicht das Gefühl, nicht richtig verstanden zu werden und sich nicht adäquat ausdrücken zu können. Es kann jedoch ein besonderes Gespür für seine inneren Wahrnehmungen entwickeln und später im Leben eventuell besonders sensibel und einfühlsam mit Sprache umgehen und sich dadurch gut ausdrücken und verständlich machen.

Da rückläufige Planeten meist zu einem bestimmten Zeitpunkt im Leben wieder direktläufig werden, wird zu dieser Zeit der Umbruch ihrer Ausdruckskraft von innen nach außen stattfinden, was im Leben des Betroffenen seine Spuren hinterlassen wird. Ein Tag nach der Geburt entspricht dabei einem Lebensjahr (Sekundär-Progression). Im obigen Beispiel wird Merkur irgendwann innerhalb der ersten 21 Lebensjahre wieder direktläufig werden, da Merkur maximal 21 Tage lang rückläufig ist. Der genaue Zeitpunkt ist den Ephemeriden zu entnehmen.

Zu bedenken ist auch, dass rückläufige Planeten vor allem während der stationären Phasen ihres Rückläufigkeitszyklus stark zu spüren sind. Während der stationären Phasen stehen die Planeten scheinbar still, da sie gerade dabei sind, ihre Bewegungsrichtung zu ändern. Ihre Ausdruckskräfte sind dann besonders konzentriert und gebündelt, und nichts geht mehr, wenn wir uns ihren Anliegen nicht stellen.

Elemente und Kreuze

Die vier Elemente

In der westlichen Astrologie gibt es vier Elemente: Feuer, Erde, Luft und Wasser. Diese lassen sich in zwei Gruppen aufteilen, wobei Feuer und Luft als aktiv und ausdrucksstark, Wasser und Erde als passiv und empfänglich gelten. Sie bilden zusammen mit den drei Kreuzen die Basis für den Aufbau und die Struktur des Tierkreises. Wie Sie die Verteilung der Elemente und Kreuze in einem Horoskop analysieren können, wird im Kapitel »Der Einstieg ins Horoskop« auf S. 201 f. erklärt. Im Folgenden wird zunächst die Grundbedeutung der einzelnen Elemente und Kreuze beschrieben und durch Übungen ergänzt.

Das Feuerelement

Die drei Feuerzeichen Widder, Löwe und Schütze stehen für Lebenslust, großes Selbstvertrauen und Begeisterungsfähigkeit. Den Feuerzeichen geht es darum, initiativ zu sein und Stärke auszudrücken. Das Feuerelement sucht nach der subjektiven Bedeutung und dem Sinn unseres Handelns und Lebens. Dabei setzen feuerbetonte Menschen ihre Energie vorbehaltlos ein. Manchmal wird dabei die eigentliche Lebenssubstanz regelrecht »verheizt«. Feuerbetonte Menschen lassen immer »alles heraus« und sind stark mit sich selbst beschäftigt.

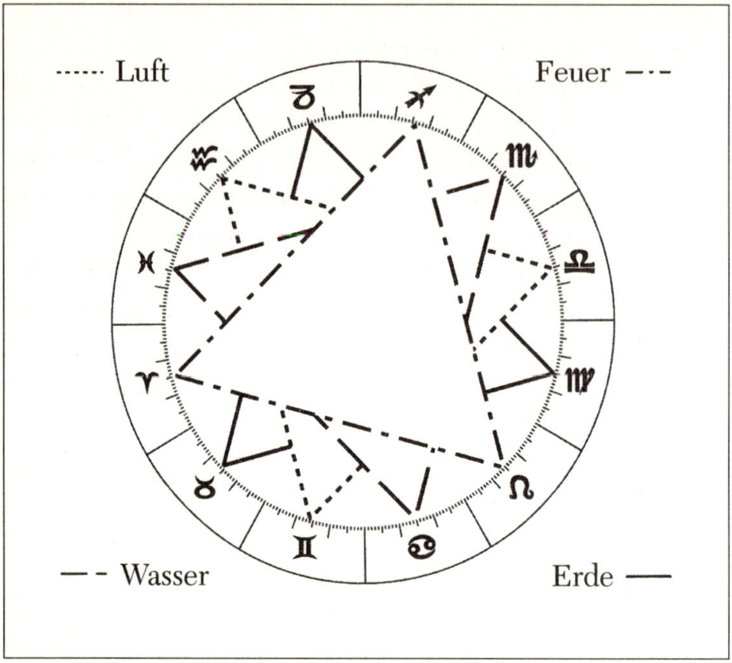

Abb. 1: »Die Elemente im Tierkreis«

Eine schwache Besetzung des Feuerelements bringt oft eine gewisse Schwunglosigkeit und mangelnde Begeisterungsfähigkeit mit sich. Diese Menschen lassen sich nur schwer zu etwas hinreißen. Dafür jagen sie nicht jeder Sensation hinterher und können das Leben mit mehr Ruhe und weniger Dramatik angehen.

Übungen zum Feuerelement:
Wenn Sie in sich das Element Feuer aktivieren möchten, tun Sie etwas, das Sie ins Schwitzen bringt. Werden Sie aktiv, treiben Sie Sport oder gehen Sie mal wieder ausgiebig Tanzen. Auch ein scharfes Essen kann Ihnen kräftig »einheizen«. Wid-

men Sie sich Dingen, für die Sie sich begeistern können, die Sie mit Spaß und Freude machen.

Das Element Feuer hat etwas Unschuldiges und Naives, es möchte sich einfach ausdrücken und möglichst deutlich bemerkbar machen. Gönnen Sie sich daher ab und zu einen kleinen »Auftritt«, bei dem Sie die Aufmerksamkeit anderer erregen. Gehen Sie manche Dinge in Ihrem Leben eher spielerisch an und versuchen Sie, kreativ zu sein. Drücken Sie einfach aus, was in Ihnen steckt, und denken Sie dabei weniger an andere als an sich selbst.

Fragen zur Erforschung des Feuerelements:

- Fällt es mir leicht, mich für etwas zu begeistern?
- Lasse ich mich gerne von anderen mitreißen?
- Lebe ich aktiv und voller Schwung?
- Kann ich dem, was mir begegnet, eine besondere Bedeutung verleihen?
- Neige ich dazu, mich schnell zu verausgaben?
- Fällt es mir manchmal schwer, mich zu etwas aufzuraffen?
- Bin ich eher dynamisch und initiativ, oder warte ich lieber erst mal ab, was kommt?
- Wo bin ich mit Feuer und Flamme dabei?
- Neige ich leicht zu dramatischen Inszenierungen und Übertreibungen?
- In welchen Situationen kann ich einfach ich selbst sein und Spaß dabei haben?
- Was gelingt mir leicht und spielerisch?
- Wann spüre ich mein inneres Feuer?

Das Luftelement

Die drei Luftzeichen Zwillinge, Waage und Wassermann stehen für eine intellektuell geprägte Lebenseinstellung, für das Bemühen um eine objektive Distanz zum Leben und den Wunsch nach Austausch und Kommunikation. Das Luftelement sucht nach einer verstandesmäßigen Durchdringung des Lebens. Luftbetonte Menschen leben gerne in mentalen Konzepten, in der Welt der Ideen und Gedanken. Sie versuchen, ihr Dasein zu verbalisieren, weil ihre Realität aus Worten und Gedanken besteht. Für luftbetonte Menschen gilt: Ich denke, also bin ich. Dies kann zum »Homo faber« führen, der zwar alles erklären, aber nichts mehr fühlen kann.

Eine schwache Besetzung des Luftelements führt zu einer gewissen Schwere und einem Verhaftetsein an subjektiven Verstrickungen. Diesen Menschen fällt es schwer, Distanz zu den Dingen zu gewinnen und ihr Leben objektiv zu betrachten. Im Kontakt und Austausch mit anderen hören sie lieber zu, als selbst zu reden. Dafür laufen sie nicht Gefahr, alles verstehen und erklären zu wollen.

Übungen zum Luftelement:
Sie können das Luftelement in sich stimulieren, indem Sie sich viel mit anderen Menschen austauschen und in Kontakt mit Ihrer Umwelt treten. Reden Sie lieber ein Wort zu viel als eines zu wenig. Besuchen Sie Plätze, an denen viel kommuniziert wird, wie z. B. Cafés, Kneipen, Partys etc. Halten Sie sich auf dem Laufenden, lesen Sie Zeitungen, Magazine, Bücher, und pflegen Sie Ihre Neugier.

Das Luftelement ist sehr beweglich und schnell. Sie können daher alles tun, was Sie geistig in Bewegung hält, und dadurch das Luftelement aktivieren. Um etwas mehr Abstand von sich selbst zu gewinnen, können Sie auch Freunde hin und wieder um Rat fragen oder einfach deren Meinung zu einem bestimmten Problem einholen, das Sie gerade beschäftigt. Atmen Sie hin und wieder kräftig durch, das bringt das Luftelement auch auf der körperlichen Ebene zum Ausdruck.

Fragen zur Erforschung des Luftelements:

- Fällt es mir leicht, objektiv zu bleiben und Abstand zu gewinnen?
- Möchte ich gerne alles verstehen und erklären können?
- Fällt es mir leicht, Kontakte zu knüpfen und mich mit anderen auszutauschen?
- Habe ich meist eine klare Vorstellung davon, wie etwas sein soll?
- Empfinden mich andere manchmal als trocken und distanziert?
- Hänge ich oft meinen Gedanken nach?
- Bin ich manchmal etwas abgehoben?
- Rede ich gerne und viel?

Das Erdelement

Die drei Erdzeichen Stier, Jungfrau und Steinbock verlassen sich auf ihre Sinnesorgane und ihre praktische Vernunft. Sie sind auf die materielle Welt ausgerichtet und mit dieser besonders stark verhaftet. Das Erdelement sucht nach einer konkreten Durchdringung der Welt. Erdbetonte Menschen sind meist sehr praktisch veranlagt. Sie wollen sich nützlich machen und zum Aufbau und Erhalt der Welt beitragen. Ihre Wahrnehmung gilt dem sinnlich Erlebbaren und den konkret greifbaren Dingen. Sie neigen dazu, im Laufe ihres Lebens immer mehr materielle Werte anzuhäufen, an denen sie hängen, sowie auch körperlich zuzunehmen. Eine schwache Besetzung des Erdelements drückt sich meist durch einen geringen Realitätsbezug aus. Diese Menschen tun sich schwer mit den praktischen und materiellen Aspekten des Lebens. Dafür fällt es ihnen leicht, etwas loszulassen und mit leichtem Gepäck durchs Leben zu gehen. Eine feste und geregelte Arbeit hilft ihnen meist, einen Lebensrhythmus zu finden, der sie erdet.

Übungen zum Erdelement:
Nutzen Sie vor allem Ihre Sinnesorgane, um mit dem Element Erde in Kontakt zu treten. Riechen, schmecken, fühlen und betasten Sie Ihre Umgebung. Machen Sie ausgedehnte Spaziergänge, befühlen Sie den Waldboden, die Bäume, riechen Sie den Duft von Blumen und lassen Sie sich von Ihren Sinnen leiten.

Gutes und reichhaltiges Essen kann Ihnen ebenfalls die richtige »Erdung« verschaffen. Stellen Sie sich den kleinen Dingen des Alltags wie Aufräumen, Abwaschen, Einkaufen etc., wenn Sie Gefahr laufen, abzuheben und den Kontakt mit der Realität zu verlieren.

Sie können auch den Dingen, die Sie tun, mehr Gewicht verleihen, im wörtlichen wie im übertragenen Sinne. Lassen Sie sich ruhig hin und wieder etwas »aufladen«. Nehmen Sie durchaus manches so schwer, wie es ist, und bringen Sie mehr Ruhe und Gemütlichkeit in Ihren Alltag, um dem Erdelement Tribut zu zollen.

Fragen zur Erforschung des Erdelements:

- Wende ich mich gerne den praktischen Dingen des Lebens zu?
- Bin ich ein sinnesbetonter Mensch?

- Kümmere ich mich gerne um konkrete Probleme und Fragestellungen?
- Fällt es mir leicht, die materiellen Aspekte des Lebens zu genießen?
- Kann ich gut für meinen Lebensunterhalt sorgen und mir Werte schaffen?
- Bin ich praktisch veranlagt?
- Fällt es mir schwer, auf etwas zu verzichten?
- Neige ich dazu, alles anzusammeln und aufzubewahren?

Das Wasserelement

Die drei Wasserzeichen Krebs, Skorpion und Fische leben in der Welt der Gefühle und Instinkte. Sie sind auf eine emotionale Durchdringung des Lebens ausgerichtet. Das Wasserelement steht für Einfühlungsvermögen und das Bedürfnis nach einer seelischen Verbundenheit mit anderen. Für wasserbetonte Menschen wird nur das zur Realität, wovon sie seelisch bewegt werden. Was keine Gefühle auszulösen vermag, existiert schlichtweg überhaupt nicht. Ihre Haltung ist: Ich fühle, also bin ich. Dies kann mit einer starken Empfindsamkeit, aber auch leichten Verletzbarkeit einhergehen.

Eine schwache Besetzung des Wasserelements kann sich in einer gewissen Kälte und Distanziertheit ausdrücken. Es fällt diesen Menschen schwer, seelische Anteilnahme und Gefühle so auszudrücken, dass andere dies fühlen können. Dafür gelingt es ihnen, sich nicht emotional verstricken zu lassen und nicht von ihren Gefühlen überwältigt zu werden.

Übungen zum Wasserelement:
Tun Sie Dinge, die Sie emotional ansprechen und in Kontakt zu Ihren Gefühlen bringen. Lassen Sie sich innerlich von dem

berühren, was Ihnen widerfährt. Spüren Sie immer wieder nach, welche Gefühle Sie in bestimmten Situationen haben. Achten Sie darauf, im Fluss zu bleiben und Ihren Stimmungen zu folgen.

Der Kontakt zum Element Wasser kann Sie dünnhäutig werden lassen. Sie werden dadurch empfindsamer, sind jedoch auch verletzlicher als sonst. Sorgen Sie daher für einen geschützten Rahmen, in dem Sie sich geborgen und wohl fühlen, um mit Ihrer Gefühlswelt in Kontakt zu treten.

Fragen zur Erforschung des Wasserelements:

- Kann ich mich leicht in andere einfühlen?
- Bin ich oft in Gefühle verstrickt?
- Bin ich eher empfindsam und leicht verletzlich?
- Reagiere ich gerne emotional?
- Fällt es mir leicht, seelisch Anteil zu nehmen?
- Empfinde ich oft Mitgefühl mit anderen?
- Fühle ich mich mit anderen verbunden?
- Kann ich meine Gefühle zeigen?

Die drei Kreuze

Jedes der vier astrologischen Elemente kommt in drei verschiedenen Zuständen vor. Diese Zustände werden mit den Begriffen »kardinal«, »fix« und »beweglich« beschrieben und stellen unterschiedliche Stationen des jeweiligen Elementekreislaufs dar.

Der kardinale Zustand beschreibt den Anfangsimpuls, es wird etwas angestoßen oder erzeugt. Damit dieser Impuls nicht wir-

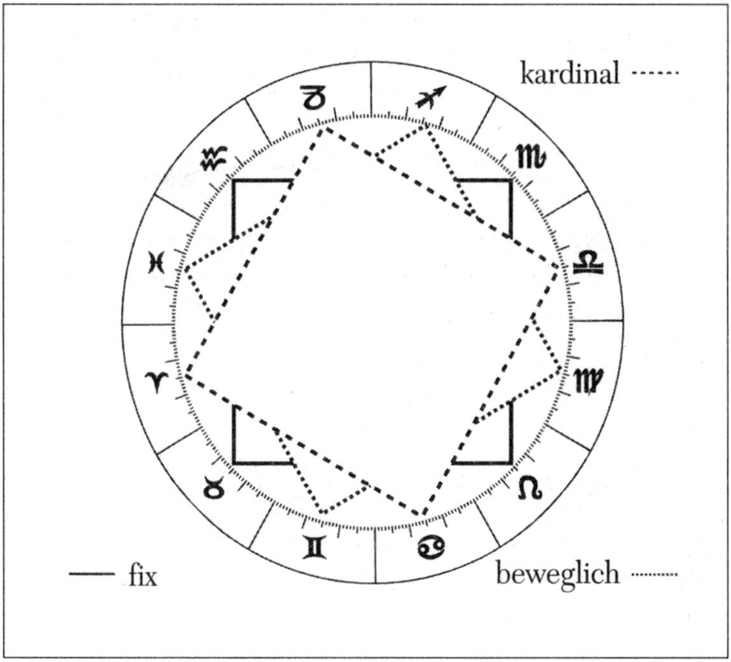

Abb. 2: »Die drei Kreuze des Tierkreises«

kungslos verpufft, muss er aufgegriffen und in eine bestimmte Form gebracht werden. Dies entspricht dem fixen Zustand, der ein formgebendes und verdichtendes Prinzip darstellt. Damit keine Stagnation entsteht, muss der verdichtete Impuls in Bewegung gehalten und den wechselnden Bedingungen angepasst werden. Dies entspricht dem beweglichen Zustand. Der Kreislauf schließt sich, wenn aus dem veränderlichen Zustand heraus neue Möglichkeiten für kardinale Impulse entstehen. Das kardinale Prinzip wird also dann besonders wirksam, wenn es sich auf die Erfahrungen aus der beweglichen Phase beziehen kann.

Die kardinalen Zeichen des Tierkreises sind Widder, Krebs,

Waage und Steinbock. Die fixen Zeichen sind Stier, Löwe, Skorpion und Wassermann. Die veränderlichen Zeichen sind Zwillinge, Jungfrau, Schütze und Fische. Die Zeichen, die jeweils dem gleichen Zustand entsprechen, stehen also stets im Quadrat (siehe »Die Aspekte«, S. 169) zueinander und werden daher als Kreuz bezeichnet. Der Tierkreis setzt sich aus einem kardinalen, einem fixen und einem beweglichen Kreuz zusammen. In jedem der drei Kreuze ist jedes der vier Elemente jeweils einmal vertreten. Jedes der vier Elemente kommt somit in einem kardinalen, einem fixen und einem beweglichen Zustand vor. Daraus entsteht pro Element ein Kreislauf, der im Folgenden beschrieben wird.

Der Kreislauf der Feuerzeichen

Der Kreislauf beginnt mit dem kardinalen Feuerzeichen Widder. Hier wird der Impuls für einen Neuanfang gesetzt. Mit Initiative und Tatkraft stürmt das Tierkreiszeichen Widder vorwärts, um sich in der Welt auszudrücken und etwas zu bewirken. Damit die Begeisterung des Neubeginns nicht verpufft, wird sie vom fixen Feuerzeichen Löwe aufgegriffen und auf die eigene Person zentriert. Löwebetonte Menschen sind daher typischerweise von sich selbst begeistert, während widderbetonte Menschen ständig etwas Neues anfangen und nichts zu Ende bringen können, was nicht schnell und direkt zu erreichen ist. Durch die Zentrierung der Energie auf die Eigenperson stellt sich beim Tierkreiszeichen Löwe auch die Frage nach der Bedeutung unseres Handelns für uns selbst. Aus der Löwe-Frage »Wer bin ich?« formuliert das bewegliche Tierkreiszeichen Schütze eine Botschaft, die nun nach außen gerichtet und der Welt mitgeteilt wird. So werden schützebetonte Menschen schnell zu Botschaftern, die anderen die tiefere Bedeutung und den Sinn des Lebens vermitteln möchten. Sie versuchen, andere mit ihrer Begeisterung anzustecken und mitzureißen. Daraus können neue Ziele entstehen, die es zu erreichen gilt, und die von Widder impulsiv aufgegriffen werden, wodurch sich der Kreislauf schließt.

Übung zum Kreislauf der Feuerzeichen:
Unternehmen Sie einen kleinen Waldlauf, sofern Ihre Gesundheit dies zulässt, oder eine andere Aktivität, bei der Sie ein bisschen ins Schwitzen geraten. Überlegen Sie sich währenddessen, wann und wo in Ihrem Leben Sie voller Tatkraft und Energie etwas begonnen haben, das Pioniercharakter hatte und Initiative und Mut erforderte. Was ist daraus geworden? Haben Sie durchgehalten, oder haben andere Ihre Initiative aufgegriffen und weitergeführt? Was hat sich durch das Projekt bei Ihnen entwickelt und verändert? Welche Facetten Ihrer Persönlichkeit haben Sie dabei zum Ausdruck gebracht? Hatte Ihre Aktivität irgendeine weit reichende Bedeutung? Haben Sie dadurch bei anderen Menschen etwas ausgelöst, sie begeistert? Hatte das Ganze für Sie einen besonderen Sinn? Denken Sie über diese Fragen nach, während Sie körperlich aktiv sind. Beobachten Sie, was passiert, wenn Ihnen langsam die Puste ausgeht oder Sie die Lust verlieren. Wodurch können Sie sich motivieren, weiterzumachen und nicht aufzugeben? Was beflügelt Sie? Achten Sie bei der Übung auf Ihre körperlichen Leistungsgrenzen und Ihre Gesundheit, denn das Feuerelement neigt schnell zu Übertreibungen.

Der Kreislauf der Luftzeichen

Der Kreislauf beginnt mit dem kardinalen Luftzeichen Waage. Hier werden neue Impulse für Gedanken und Ideen gesetzt. Dazu ist es notwendig, Abstand zu gewinnen, um die Dinge etwas objektiver betrachten zu können. Dies ist über den Kontakt und den Austausch mit anderen Menschen besonders leicht möglich. Durch die Hinwendung zum Du erscheint dem Tierkreiszeichen Waage die Welt in einem neuen Licht. Waagebetonte Menschen sind daher stark begegnungsorientiert, wobei das eigentliche Ziel eine objektivere Sichtweise auf das Leben ist. Durch den Kontakt und den Austausch mit anderen entstehen im Tierkreiszeichen Waage ständig gedankliche Impulse, die vom fixen Luftzeichen Wassermann aufgegriffen und zu »fixen Ideen« verdichtet werden. Im Tierkreiszeichen Wassermann werden die aufgegriffenen Gedanken zu Konzepten weiterentwickelt. Wassermannbetonte Menschen haben daher klare Vorstellungen davon, wie etwas funktionieren könnte. Das Luftelement hilft ihnen, den Überblick zu bewahren, Probleme gedanklich in Form zu bringen und nach Lösungen zu suchen. Das bewegliche Luftzeichen Zwillinge sorgt dafür, dass auch andere Menschen daran teilhaben. Zwillingebetonte Menschen stellen neue Kontakte her und sind daran interessiert, Neues zu erfahren und sich mitzuteilen. Das Tierkreiszeichen Waage greift diese Neuigkeiten auf und setzt daraus neue Impulse für weitere Gedanken – der Kreislauf schließt sich.

Übung zum Kreislauf der Luftzeichen:
Für diese Übung brauchen Sie zwei Mitspieler. Legen Sie gemeinsam fest, welcher Mitspieler beginnt, wer an zweiter und wer an dritter Stelle drankommt. Die gemeinsame Aufgabe besteht darin, eine Geschichte zu erzählen.

Der Mitspieler, der an erster Stelle steht, hat die Aufgabe, mit der Geschichte zu beginnen. Er führt die wesentlichen Grundelemente ein, wie beispielsweise den Ort der Handlung, die beteiligten Personen, den szenischen Hintergrund. Der zweite Mitspieler hat nun die Aufgabe, dieses Material zu einem konkreten Geschehen auszubauen. Er lässt eine Handlung entstehen. Dabei sollte möglichst alles Material des ersten Mitspielers integriert und ausgeschöpft werden, ohne dass eigene, neue Impulse hinzugefügt werden. Wenn sich eine Handlung entwickelt hat, übernimmt der dritte Mitspieler die Geschichte und versucht, diese zu einem Ende zu bringen oder eine Fortsetzungsgeschichte daraus zu machen. Hierzu dürfen Veränderungen an der Handlung vorgenommen werden oder das Geschehen kann neu kombiniert werden.

Bei der Übung ist es wichtig, der eigenen Rolle treu zu bleiben, also nicht an erster Stelle schon eine ganze Geschichte zu erzählen oder an zweiter Stelle neue Impulse zu setzen. Wenn Sie Lust dazu haben, wechseln Sie anschließend die Reihenfolge der Mitspieler und beginnen Sie erneut mit einer Geschichte.

Aus dieser Übung können wichtige Erfahrungen entstehen: Fällt es Ihnen schwer, Impulse zu setzen? Verlieren Sie die Lust, wenn Ihnen etwas vorgesetzt wird? Brauchen Sie den Anstoß anderer? Können Sie Dinge so lassen, wie sie sind, oder müssen Sie diese gleich verändern?

Der Kreislauf der Erdzeichen

Der Kreislauf beginnt mit dem kardinalen Erdzeichen Steinbock. Hier wird der Impuls gesetzt, um in der materiellen Welt etwas zu bewegen. Dazu ist es zunächst wichtig, Regeln aufzustellen und klar zu sagen, was zu tun ist und wie die Dinge ablaufen sollen. Steinbockbetonte Menschen haben einen Blick dafür, welche Arbeiten zur Erledigung anstehen, und fühlen sich dafür zuständig, die Verantwortung für deren Ausführung zu tragen. Das fixe Erdzeichen Stier greift diese Impulse auf und bewegt die materielle Welt mit Geduld und Ausdauer vorwärts. Es sammelt Besitz an und versucht, sich bleibende Werte zu schaffen. Stierbetonte Menschen nehmen sich auch Zeit, die Dinge, die sie besitzen, zu genießen. Damit sie nicht an ihren Besitztümern hängen bleiben, sorgt das bewegliche Erdzeichen Jungfrau dafür, durch ein beständiges Analysieren alles auszusondern, was nicht mehr gebraucht wird oder dem eigenen Wesen nicht entspricht. Das Tierkreiszeichen Jungfrau verdaut alles, was das Tierkreiszeichen Stier sich einverleibt hat, und zerlegt es in seine Bestandteile. Bestand hat dabei nur, was sich als nützlich erweist. Jungfraubetonte Menschen sind daher gute Verwerter, die sich gerne nützlich machen. Aus dem Analyseprozess der Jungfrau entstehen für das Tierkeiszeichen Steinbock nach den entsprechenden Aufräum- und Reinigungsarbeiten neue Impulse für weitere Tätigkeiten, die es zu erledigen gilt, und der Kreislauf schließt sich.

Übung zum Kreislauf der Erdzeichen:
Besorgen Sie sich einen Klumpen Ton, ein Stück Holz oder einen Stein, den Sie bearbeiten können. Befühlen Sie zu Beginn das Material, das Sie sich ausgesucht haben, und denken Sie einmal darüber nach, wie es entstanden ist. Versuchen Sie sich dann vorzustellen, welche Figur in diesem Material verborgen sein könnte. Sobald Sie ein klares Bild davon haben, fangen Sie mit der Bearbeitung des Materials an und versuchen Sie es nach Ihren Wünschen zu gestalten. Beobachten Sie dabei die verschiedenen Stadien des Bearbeitungsprozesses und die Erfahrungen, die Sie dabei machen. Vielleicht entstehen im Prozess leichte Veränderungen, auch aufgrund der Eigenschaften des Materials. Versuchen Sie diesen Veränderungen Raum zu geben, und lassen Sie sich vom Ergebnis überraschen. Bringen Sie Ihre Arbeit zu einem Ende und geben Sie der Figur den letzten Schliff. Verbessern Sie gegebenenfalls einige Stellen, die Ihnen noch nicht ganz gefallen. Falls Sie möchten, können Sie die Figur ins Freie stellen und beobachten, wie sie sich unter dem Einfluss der Witterung verändert. Vielleicht kommen Ihnen dabei auch Gedanken über die Vergänglichkeit der Materie.

Der Kreislauf der Wasserzeichen

Der Kreislauf beginnt mit dem kardinalen Wasserzeichen Krebs. Hier werden Impulse für Gefühle und seelisches Erleben gesetzt. Das Tierkreiszeichen Krebs gleicht einem Kraftwerk der Gefühle, das ständig neue emotionale Anstöße gibt. Um Gefühle erzeugen zu können, bedarf es einer seelischen Berührbarkeit und Empfindungsfähigkeit, wie sie für krebsbetonte Menschen typisch ist. Damit die erzeugten Gefühle nicht verpuffen, werden sie vom fixen Wasserzeichen Skorpion zu intensiven Leidenschaften verdichtet. Das Tierkreiszeichen Skorpion entspricht einem Dampfkessel der Gefühle, in dem ständig Emotionen »hochgekocht« werden. Daraus entstehen leidenschaftliche Gefühle, die Leiden schaffen und typisch für skorpionbetonte Menschen sind. Bevor nun der Dampfkessel in die Luft fliegt, werden vom beweglichen Wasserzeichen Fische die Ventile geöffnet. Das Tierkreiszeichen Fische entspricht einer Schleuse für Gefühle, bei der die Tore ständig geöffnet werden, um die angestauten Gefühle wieder ins Fließen zu bringen. Persönliche Leidenschaften werden zum Weltschmerz erweitert. Durch ein Gefühl der seelischen Verbundenheit mit allen Menschen entstehen Mitgefühl und Hilfsbereitschaft, wie sie typisch für fischebetonte Menschen sind. Aus diesem Meer der Gefühle im Tierkreiszeichen Fische entwickelt das Tierkreiszeichen Krebs neue Möglichkeiten, sich persönlich berührt zu fühlen, und schon beginnt der Kreislauf wieder von vorne.

Übung zum Kreislauf der Wasserzeichen:
Nehmen Sie sich einige Minuten Zeit, um zu spüren, von welchen Gefühlen Sie gerade bewegt werden. Konzentrieren Sie sich auf das Gefühl, das Sie gerade am deutlichsten wahrnehmen können. Versuchen Sie nun, dieses Gefühl zu intensivieren: Stellen Sie sich vor, dass es immer dichter und stärker wird, bis Sie sich fast davon überwältigt fühlen. Wenn Sie

den Punkt erreicht haben, an dem Sie die Intensität nicht länger ertragen können, öffnen Sie sich innerlich für eine Ausdehnung des Gefühls. Lassen Sie das angestaute Gefühl langsam los und bringen Sie es nach außen, in die Welt. Durch den Ausdruck wird es sich vermutlich etwas verändern, und Sie können vielleicht spüren, wie Sie sich dadurch wieder entspannen können und langsam ins Fließen kommen. Es kann sein, dass sich das Gefühl durch den Ausdruck so stark verändert hat, dass ein ganz anderes Gefühl daraus entstanden ist, wodurch sich der Kreislauf schließt und Sie wieder von neuem beginnen können, wenn Sie wollen. Nehmen Sie sich am Schluss noch einige Minuten Zeit, ehe Sie sich wieder in Ihre Alltagswelt zurückbegeben.

Nachdem Sie nun den Aufbau und die Struktur des Tierkreises anhand der Elemente und Kreuze kennen gelernt haben, können Sie sich im nächsten Kapitel den Themen der Planeten in den einzelnen Tierkreiszeichen zuwenden.

Die Planeten in den Tierkreiszeichen

Planeten in Widder ♈

Allgemeine Tendenzen

Planeten erhalten im kardinalen Feuerzeichen Widder eine kämpferische Note. Sie wirken oft, als befänden sie sich in erhöhter Alarmbereitschaft oder im Kriegszustand.

Widder-Planeten lassen uns zum Pionier werden und für neue Sachen und Ziele kämpfen. Sie geben keine Ruhe, solange ihr Anliegen nicht ausgedrückt und befriedigt worden ist.

Widder-Planeten drängeln sich gerne vor. Sie möchten immer und überall unter den Ersten sein. Deshalb bringen wir sie meist überstürzt zum Ausdruck. Es fällt uns schwer, den richtigen Zeitpunkt abzuwarten. Meist kommen wir mit Widder-Planeten zu schnell und zu früh – und benehmen uns dann noch wie Elefanten im Porzellanladen.

Widder-Planeten lassen uns vorzugsweise an uns selbst denken. Dieser gesunde Egoismus kann andere richtig krank machen. »Wer sich nicht lebt, lebt verkehrt« lautet das Motto für Widder-Planeten, und es empfiehlt sich, dem nicht zu widersprechen.

Widder-Planeten verlangen nach entschiedenem Ausdruck. Sie dulden kein Zaudern und Zögern und kennen kein »Vielleicht«. Mit unerbittlicher Entschlossenheit stürzen sie ihrem Ziel entgegen, das allerdings nicht in allzu weiter Ferne liegen darf, denn Planeten in Widder verausgaben sich schnell. Sie haben keinen langen Atem. Sie beginnen alles mit großem Energieeinsatz, doch ihre Kraft ist bald verbraucht. Was nicht schnell erreichbar ist, erreichen Widder-Planeten nie.

Widder-Planeten verbreiten Unruhe und wirken oft hektisch. Sie müssen ständig etwas tun und lassen uns nicht zur Ruhe kommen. Sie sind »Stress«-Planeten. Sie geben Kraft, und sie kosten Kraft – oft mehr, als uns lieb ist. Leider haben Widder-Planeten keinen »Aus«-Schalter. Sie lassen uns erst dann in Frieden, wenn ihre Batterien leer sind, was nur vorübergehend vorkommt.

Widder-Planeten laufen Gefahr, dass ihr Wille gebrochen wird, oft schon in der frühen Kindheit. Nicht selten bereitet uns ihr Ausdruck Schuldgefühle, da sie grobschlächtig und irgendwie brutal wirken. Wenn Widder-Planeten sich nicht austoben dürfen, machen sie uns kraftlos und depressiv. Wir können uns dann nicht adäquat verteidigen und unsere Interessen durchsetzen.

Sonne in Widder

Das Leitbild des Tatmenschen wirkt identitätsstiftend. Die Persönlichkeit muss ihre Kräfte im Wettkampf mit anderen messen, um sich zu entwickeln. Der Wesenskern drückt sich oft mit geballter Faust aus. Vitalität und Lebenskraft entstehen durch den Überlebenskampf. Rennt sich gerne den Schädel ein, um zu entdecken, wer er ist.

Mond in Widder

Fühlt und empfindet mit der Intensität eines Strohfeuers. Findet Hektik entspannend. Fühlt sich wohl, wenn die Fetzen fliegen. Kocht gerne über und kann sich dann an nichts mehr erinnern. Braucht alles sofort und nährt sich durch Ungeduld. Drückt Gefühle ungeschminkt aus. Braucht den Streit mit der Mutter, um sich von ihr zu lösen. Kämpft gegen zu viel Nähe.

Merkur in Widder
Kommuniziert mit dem Charme eines Feldwebels. Denkt selten an andere und kann einem Gedanken nicht lange folgen. Braucht den Gedankenwettstreit und neigt zu verbalen Attacken und heftigen Diskussionen. Erlebt Denken als Handeln mit anderen Mitteln. Empfindet verbalen Widerspruch als Kampfansage. Hält mit seiner Willenskraft ständig sein Gehirn auf Trab. Urteilt schnell und unüberlegt.

Venus in Widder
Lebt Beziehungen wie eine Amazone und Kriegerin. Sieht die Liebe als Abenteuerspielplatz. Stürzt sich entschlossen in übereilte Bindungen – und fällt ebenso schnell wieder heraus. Macht Liebesschwüre in Form von Kriegserklärungen. Liebt Eroberungen und macht den Partner zur Beute. Denkt in der Liebe zuerst an sich selbst und ist meist sehr fordernd.

Mars in Widder
Macht immer was er will, wann er es will und wie er es will. Schlägt sich entschlossen durchs Leben und schlägt auch entschlossen zurück. Handelt schneller, als er denken kann. Kennt keinen Schmerz und nur eigene Interessen. Steht oft unter Dampf und verliert schnell die Puste. Versucht, sich durch draufgängerischen Mut die eigene Potenz zu beweisen. Ist in der Sexualität allzeit bereit.

Jupiter in Widder
Glaubt, dass es viel zu tun gibt, und neigt beim Anpacken zu Übertreibungen. Fängt ständig etwas Neues an, um die Welt zu verbessern. Verspricht sich viel von seiner Entschlossenheit. Spielt gerne den Dampfmacher. Wächst schneller über sich selbst hinaus, als er folgen kann.

Saturn in Widder

Hat Angst vor Schwäche. Tut alles, um sich seine Stärke zu beweisen und sich um jeden Preis durchzusetzen, in der Hoffnung, dass die Angst verschwindet. Verausgabt sich total und hat dennoch das Gefühl, nicht genug getan zu haben. Wird durch seine Taten immer wieder mit den eigenen Grenzen konfrontiert. Zeigt Initiative und Unternehmungslust, um sich abzugrenzen.

Ihre Widderseiten können Sie dadurch entdecken und entwickeln, dass Sie:

- sich den Herausforderungen stellen, die Ihnen begegnen.
- die Initiative ergreifen, wo immer es nötig ist.
- entschlossen und zielstrebig handeln.
- für Ihre Anliegen kämpfen und Ihren Willen durchsetzen.
- klare und schnelle Entscheidungen treffen.
- nichts auf die lange Bank schieben.
- Ihre eigenen Wege gehen.

Ihre unerlösten Widderseiten erkennen Sie daran, dass Sie

- nie zu Ende führen, was Sie angefangen haben.
- oft kurz entschlossen und überstürzt handeln.
- aus allem einen Wettkampf machen.
- konsequent schneller zuschlagen als andere.
- ständig versuchen, unter den Ersten zu sein.
- alles tun, was die Adrenalinausschüttung in Ihrem Körper steigert.
- jede Gelegenheit beim Schopfe greifen, auch die unpassenden.
- täglich für ein bisschen Streit sorgen.
- alles alleine machen.
- nur an sich selbst denken.

Planeten in Stier ♉

Allgemeine Tendenzen

Stehen Planeten im fixen Erdzeichen Stier, dann wollen sie am liebsten in Ruhe gelassen werden. Stier-Planeten handeln bedächtig. Sie lassen uns gerne das tun, woran wir gewöhnt sind. Sie hassen es, ihre festen Gewohnheiten zu ändern. Träge setzen sie jeder potenziellen Veränderung ihr ausgeprägtes Beharrungsvermögen entgegen.

Stier-Planeten sind sehr besitzergreifend. Was sie tun, muss sich lohnen. Sie haben ein stark entwickeltes Territorialverhalten und lieben es, um ihr Wirkungsfeld einen Zaun zu ziehen, damit es vor Übergriffen geschützt ist. Stier-Planeten gehen eher zugrunde, als dass sie ihren Besitz wieder loslassen. Was ihnen gehört, darf ihnen nicht streitig gemacht werden, sonst sehen sie rot.

Stier-Planeten genießen, was sie tun. Sie wollen was vom Leben haben, deshalb lassen sie sich Zeit. Sie produzieren wenig, und wenn, dann nur langsam. Nur ungern sind sie zu großen Anstrengungen bereit. Geduldig warten sie, bis ihnen die Dinge in den Schoß fallen.

Sobald das eigene Bankkonto betroffen ist, sind Stier-Planeten ungemein entwicklungsfähig. Die meisten ihrer Lernprozesse spielen sich über den Geldbeutel ab, und wer etwas von ihnen will, der muss sie entsprechend belohnen.

Stier-Planeten möchten uns mit den angenehmen Dingen des Lebens verwöhnen. Mit großem Talent gewinnen sie der Materie lustvolle Erlebnismöglichkeiten ab. Sie sind Genussexperten und wissen unsere Sinne optimal zu stimulieren.

Stier-Planeten reiben sich gerne an konkreten Dingen und Problemen. Sie brauchen etwas zum Anpacken. Was sie tun, sollte Hand und Fuß haben. Einmal in Gang gesetzt, hören Stier-Planeten so schnell nicht mehr auf.

Stier-Planeten können uns faul und träge machen. Sie sorgen dafür, dass sich unsere Genusssucht in körperlicher Fülle niederschlägt. Je mehr wir an Gewicht zunehmen, umso schwerer fällt es uns, gegen die Schwerkraft anzukämpfen und überhaupt noch zu arbeiten.

Sonne in Stier

Findet eigene Besitztümer identitätsstiftend. Das Selbstbewusstsein verhält sich proportional zum Kontostand. Braucht lange, um als Persönlichkeit zu reifen, lebt dafür mit Bedacht sich selbst. Bleibt seinem Wesen so lange treu, wie es sich für ihn lohnt.

Mond in Stier

Drückt Nähe und Zuneigung durch Hegen und Pflegen aus. Hat ständig eine Brust frei, um Bedürftige zu stillen (auch als Mann). Fühlt sich nur im Kreise eigener Besitztümer sicher und geborgen. Braucht Fülle, um sich wohl zu fühlen. Nimmt alles in Besitz, was ihm nahe kommt. Geht gerne in die Natur, um sich seelisch aufzutanken. Braucht Süßigkeiten, um von der gutmütigen Mutter loszukommen.

Merkur in Stier

Kaut lange wieder, ehe er etwas begreift. Öffnet sich neuem Wissen nur widerstrebend. Denkt langsam, dafür gründlich. Redet gerne über das, was er gewohnt ist. Betrachtet seine Gedanken als sein Eigentum. Löst nur praktische Probleme und kann sich nur das vorstellen, was er anfassen (begreifen) kann. Ändert nur ungern seine Meinung, außer es lohnt sich. Hält Theorien für Zeitverschwendung.

Venus in Stier
Bevorzugt Liebeserklärungen per Banküberweisungen. Mag alles, was wertvoll ist. Kann sich in eine Sahnetorte verlieben und hat das Objekt ihrer Begierde oftmals zum Fressen gern. Genießt es, selbst vernascht zu werden. Liebt alles, was sicher ist. Sucht feste, sinnliche Bindungen.

Mars in Stier
Wird nur dann aktiv, wenn es sich wirklich lohnt. Hält an allem fest, was einmal begonnen wurde. Kann mit seiner Ausdauer Berge versetzen. Tut alles, was Lustgewinn bringt. Braucht zum Anpacken konkrete Aufgaben. Wird nur dann aggressiv, wenn sein Besitz in Gefahr ist oder sexuelle Frustration droht. In der Sexualität ein lustvoller Genießer.

Jupiter in Stier
Gelobt sei, was reich macht. Genießt gerne alles in Hülle und Fülle. Glaubt ans Schlaraffenland. Kann den Hals nicht voll genug kriegen. Kennt zu jeder Übertreibung noch eine Steigerungsform. Hält stur an seinen meist handfesten Überzeugungen fest. Macht aus Wohlstand eine Ersatzreligion.

Saturn in Stier
Hat Angst vor Armut. Häuft alles an, was ihm unter die Finger kommt, um diese Angst loszuwerden. Wird am Ende zum Sklaven und zwanghaften Genießer seiner Besitztümer. Verzichtet andererseits gerne auf Lust und Genuss, um sich seine Disziplin zu beweisen. Gewinnt durch materielle Selbstbeschränkung an Format.

Ihre Stierseiten können Sie dadurch entdecken und entwickeln, dass Sie:
– Ihr Dasein in vollen Zügen genießen.

- Ruhe und Gemütlichkeit in Ihr Leben bringen.
- sich davon überraschen lassen, was Sie mit Geduld alles erreichen können.
- wenig tun und dies möglichst langsam.
- sich auf das verlassen, was sich bewährt hat.
- dankbar für die Sinnenfreuden des Daseins sind.
- so für Ihr Bankkonto sorgen, dass Sie beruhigt schlafen können.

Ihre unentwickelten Stierseiten erkennen Sie daran, dass Sie
- so oft und so reichlich essen, wie Sie wollen.
- sich nur noch um Angelegenheiten kümmern, die Ihnen Geld bringen.
- alles sammeln, was wertvoll ist.
- niemals Ihre vertrauten Gewohnheiten ändern.
- nur in die besten Restaurants Ihrer Stadt gehen.
- Faulheit und Sturheit für die höchsten aller Tugenden halten.
- nie etwas wegwerfen, was Ihnen gehört.

Planeten in Zwillinge ♊

Allgemeine Tendenzen

Planeten im beweglichen Luftzeichen Zwillinge bleiben nie alleine. Ständig treiben sie uns an, in Kontakt und Austausch mit der Welt zu treten. Sie machen uns neugierig auf unsere Umgebung und wollen stets über den neuesten Stand der Dinge Bescheid wissen.

Zwillinge-Planeten sind ohnehin stets zu zweit: Sie haben eine helle Seite, die sie gerne zeigen, und eine dunkle Seite, die sie vor der Welt verbergen. Im Verborgenen liegt ihre Angst vor dem Alleinsein und vor der Langeweile, die entsteht, wenn ihr Reizhunger nicht befriedigt wird.

Zwillinge-Planeten lassen uns meist jugendlich und unverbraucht wirken. Selbst im hohen Alter bleiben wir durch sie beweglich und flexibel.

Zwillinge-Planeten sind buchstäblich an allem interessiert. Sie wollen nicht, dass wir uns auf etwas konzentrieren, weil uns dadurch vieles entgehen könnte, was ebenfalls neu und interessant wäre. Spitze Zungen behaupten deshalb, Zwillinge-Planeten machen uns oberflächlich, was stimmt.

Wenn wir mehr als eine Sache zur gleichen Zeit tun, dann sind bestimmt Zwillinge-Planeten daran beteiligt. Sie machen uns zum Simultan-Künstler, der stets auf mehreren Bühnen gleichzeitig aktiv ist.

Wird die Energie von Zwillinge-Planeten nicht adäquat ausgedrückt, werden wir nervös und fahrig. Zerstreut folgen wir dann jeder Ablenkung und verlieren völlig den Blick für das Wesentliche. Wir wollen dann überall mitreden, ohne dass wir wirklich etwas zu sagen haben.

Sonne in Zwillinge

Wissen ist identitätsstiftend. Kontakte und Austausch mit anderen fördern die Persönlichkeitsentwicklung. Redet, um zu sein. Findet durch Worte zur eigenen Mitte. Kommt über Neugier mit seinem Wesen in Kontakt. Bringt seine Persönlichkeit ohne innere Beteiligung zur Entfaltung. Relativiert sich gerne selbst. Denkt, um zu sein, und zersplittert sich dabei.

Mond in Zwillinge

Redet, um sich zu nähren. Kennt Gefühle vom Hörensagen. Drückt Zuwendung und Nähe gerne verbal aus. Fühlt sich in Computernetzwerken (z. B. Internet) geborgen und zuhause.

Braucht Abwechslung und ständig neue Anregungen, um sich wohl zu fühlen. Will seine Mutter intellektuell übertreffen, um sich von ihr zu lösen. Weiß auf jedes Gefühl eine Antwort. Wird leicht nervös, wenn seelische Nähe entsteht.

Merkur in Zwillinge

Redet bis zum Umfallen – und auch danach noch pausenlos weiter. Weiß über alles Bescheid und lässt dies jeden wissen. Redet beim Zuhören. Ist so vielseitig interessiert, dass er dadurch einseitig wirkt. Kann so clever sein, dass er alle austrickst. Schlägt sich mit seiner Schlagfertigkeit meist selbst k. o.

Venus in Zwillinge

Liebt jeden, der mehr weiß. Ist treu wie ein Schmetterling. Weiß vor lauter Abwechslung nicht, wen sie zuerst küssen soll. Hört sich gerne stundenlang Liebeserklärungen an. Findet Bücher erotisch und hat ein heimliches Verhältnis mit ihrem Schreibcomputer.

Mars in Zwillinge

Fühlt sich nur mit Universitätsabschluss stark und männlich. Redet so lange, bis er bekommt, was er will. Ist vor allem im Geiste potent. Kämpft mit Worten bis zum Umfallen. Kann es nicht ausstehen, wenn andere mehr wissen als er. Ist nur durch eisernes Schweigen zu besiegen.

Jupiter in Zwillinge

Erhofft sich viel von seinem Wissen. Redet gerne viel versprechend. Hält jeden Wissenszuwachs für einen Fortschritt. Glaubt an sein Wissen und hofft, immer mehr zu erfahren. Betrachtet jeden Telefonanschluss als Horizonterweiterung. Empfindet Zweifel und Zynismus als tiefe religiöse Gefühle.

Saturn in Zwillinge

Hat Angst davor, dumm zu sein. Macht eine Prüfung nach der anderen, um diese Angst loszuwerden. Weiß am Ende, dass er nichts weiß. Redet, um sich abzugrenzen oder sich Respekt zu verschaffen.

Ihre Zwillingeseiten können Sie dadurch entdecken und entwickeln, dass Sie

- stets auf dem neuesten Stand sind, um mitreden zu können.
- häufig für Abwechslung sorgen.
- Ihre intellektuellen Fähigkeiten trainieren.
- Ihre Kontakte pflegen und ausbauen.
- vielseitig interessiert sind.
- Ihrer Neugier freien Lauf lassen.

Ihre unentwickelten Zwillingeseiten erkennen Sie daran, dass Sie

- pausenlos reden und niemanden zu Wort kommen lassen.
- ständig mehr als drei Dinge gleichzeitig machen.
- täglich mehr als drei Stunden durchs »Internet« surfen.
- bei Unterhaltungen mit anderen laufend das Thema wechseln.
- mehr als drei Tageszeitungen und mindestens fünf Wochenmagazine abonniert haben.
- überall, wo Sie hingehen, ein Buch mitnehmen.
- alles relativ sehen und in Frage stellen.
- auch dann reden, wenn Sie nicht gefragt sind.
- sich keine Neuigkeit entgehen lassen.
- bei anderen als oberflächlich gelten.

Planeten in Krebs ♋

Allgemeine Tendenzen

Planeten im kardinalen Wasserzeichen Krebs sind oft den Tränen nahe. Sie produzieren pausenlos Gefühle, mit denen sie uns dann überschwemmen. Um den ständig wechselnden Gemütszuständen von Krebs-Planeten zu entsprechen, folgen wir ihnen launisch auf die Achterbahn ihrer unberechenbaren Gefühle.

Krebs-Planeten sind Kuschel-Planeten, die erst unter der Wolldecke und bei einer Tasse heißer Schokolade mit Sahne so richtig in Fahrt kommen. Wenn wir hemmungslos sentimental werden, sind sicherlich Krebs-Planeten daran beteiligt. Ohne sie gäbe es nur wenig, was uns seelisch nahe ginge, denn durch sie nehmen wir emotional am Leben teil.

Krebs-Planeten lösen ständig Betroffenheit aus. Sie sind Kraftwerke für Gefühle und fallen einem gerne um den Hals. Sie können ausgesprochen romantisch und anhänglich sein.

Krebs-Planeten gehen gerne mit etwas schwanger und kommen erst nach der Geburt wieder an die Oberfläche zurück. Böse Zungen nennen das einen beleidigten Rückzug.

Krebs-Planeten leben meist in der Vergangenheit, vorzugsweise im vorigen Jahrhundert, als es noch Großfamilien gab. Sie kommen nur schwer mit unseren Single-Haushalten zurecht, denn Krebs-Planeten sind geborene Mütter. Sie sorgen mit allen zur Verfügung stehenden Gefühlen dafür, dass wir abhängige Kinder bleiben.

Krebs-Planeten kriegen schlechte Laune, wenn andere nicht tun, was sie wollen. Es ist kaum möglich, sich ihren Stimmungen zu entziehen, vor allem, wenn sie beleidigt sind. Empfindsam im Glashaus sitzend, werfen sie nur selten mit Steinen um sich, was bei ihnen zu Magengeschwüren führt und bei anderen zu Schuldgefühlen.

Sonne in Krebs

Sorgt für andere, um wer zu sein. Hält seine Identität für ein Gefühl. Reift im engsten Familienkreis langsam zur Persönlichkeit heran. Sucht in den Bildern seiner Seele nach sich selbst. Weiß nur zu Hause, wer er eigentlich ist. Verwirklicht sich durch Gefühlsausdruck. Bewahrt sich auch als reife Persönlichkeit noch viel von seiner Kindheit.

Mond in Krebs

Braucht rund um die Uhr seelische Geborgenheit. Nährt andere, um seelisch nicht zu verhungern. Fühlt sich als Kind am wohlsten. Hat bis ins Alter ständig Heimweh. Zieht sich beleidigt zurück, um umsorgt zu werden. Kommt nur durch schlechte Laune von seiner gluckenhaften Mutter los.

Merkur in Krebs

Denkt aus dem Bauch heraus. Begreift nur das, was Gefühle auszulösen vermag. Versteht alles, was ihn seelisch anspricht. Braucht die passende Stimmung, um sich mitzuteilen. Äußert sich vorwiegend emotional und in Form von Märchen.

Venus in Krebs

Findet mütterliche Typen erotisch und anziehend. Macht aus jeder Liebe eine Familie. Hält Tränenausbrüche für Liebeserklärungen. Mag Partner mit Kindern. Liebt romantische Kuschelkatzen, die zärtlich und verschmust sind.

Mars in Krebs

Spielt den Beleidigten, um sich durchzusetzen. Sobald ihm jemand wirklich nahe kommt, gibt es Ärger. Liebt es, die anderen kommen zu lassen. Muss seelisch berührt sein, um in Fahrt zu kommen. Kann sehr gefühlvoll zuschlagen. Gibt sich in der Sexualität zunächst schüchtern, um schneller unter die Bettdecke und dort dann voll in Fahrt zu kommen.

Jupiter in Krebs
Lebt gerne im Überschwang seiner Gefühle. Kennt zu jedem Gefühl die passende Übertreibung. Ist über jede Stimmung erhaben. Glaubt durch Mitgefühl und Hilfsbereitschaft die Welt zu verbessern. Findet durch Tränen und Verzeihen zu Höherem.

Saturn in Krebs
Hat Angst vor seelischer Abhängigkeit und emotionaler Kälte. Sorgt übermäßig für andere, um dieser Angst zu entkommen. Nimmt Anteil, um sich abzugrenzen. Gewinnt durch Mitgefühl an Kontur.

Ihre Krebsseiten können Sie dadurch entdecken und entwickeln, dass Sie:
- hin und wieder einen Tag im Bett verbringen und nur das tun, was sich gut anfühlt.
- so viel wie möglich kuscheln und Nähe spüren.
- auch mal sentimental sind.
- Ihre Launen nicht unterdrücken.
- anderen Ihre liebevolle Zuwendung zeigen.
- sich seelisch berühren lassen.

Ihre unentwickelten Krebsseiten erkennen Sie daran, dass Sie
- keine Familienserie im Fernsehen verpassen.
- täglich mit Ihrer Mutter telefonieren.
- ständig den Tränen nahe sind.
- Betroffenheit zeigen, wo es nur geht.
- stets für andere sorgen, ob diese es brauchen oder nicht.
- sich hauptsächlich von Süßigkeiten ernähren.

Planeten in Löwe ♌

Allgemeine Tendenzen

Planeten im fixen Feuerzeichen Löwe nehmen alles persönlich. Sie rufen auch dann »hier!«, wenn sie gar nicht gemeint sind, und besitzen die Naivität, das nicht einmal zu merken.

Löwe-Planeten spielen gerne den Helden. Sie wollen, dass wir uns mutig ins pralle Leben stürzen, aus dem sie gerne das größte Drama machen. Sie rücken uns unweigerlich in den Mittelpunkt jedes Geschehens.

Löwe-Planeten sind beleidigt, wenn sie übersehen werden. Ihr ständiger Bedarf an Aufmerksamkeit und Beifall kann unser Leben ganz schön anstrengend werden lassen. Löwe-Planeten brauchen ihre Auftritte und zeigen sich nur dann in Hochform, wenn möglichst viele zuschauen. Ohne Publikum liegen Löwe-Planeten nur faul in der Sonne herum.

Löwe-Planeten wollen ständig aus dem Vollen schöpfen und legen Wert darauf, dass wir stark und potent sind. Sie machen uns lebendig und kreativ und sehen es gerne, wenn wir spielerisch durchs Leben gehen.

Löwe-Planeten fragen ständig nach der Bedeutung dessen, was ihnen passiert. Ihnen ist alles wichtig, außer den Kleinigkeiten, die sie gerne übersehen.

Löwe-Planeten sind selbstbewusst und machen sich zum Maß aller Dinge. Außerdem möchten sie ständig bedient werden, und nur das Beste ist ihnen gerade gut genug. Löwe-Planeten sind ein Luxus, den wir uns nicht immer leisten können.

Mit Löwe-Planeten sehen wir nur mit dem Herzen gut. Gelingt uns dies nicht, werden wir zum egozentrischen Pseudohelden, der sich für den Größten und Besten hält und ständig auf der Jagd nach Abenteuern ist. Löwe-Planeten, die nicht zum

Zuge kommen, werden unausstehlich und selbstherrlich. Umzingelt von der eigenen Eitelkeit, hasten sie von Spiegel zu Spiegel und begegnen überall nur sich selbst.

Sonne in Löwe

Sucht sein Leben lang danach, wer er ist. Reift dadurch manchmal zu einer großen und starken Persönlichkeit heran. Findet sein Spiegelbild identitätsstiftend. Hält seinen Wesenskern für größer, als er ist. Tut alles, um sich ständig besser kennen zu lernen. Betrachtet die Welt als gigantisches Selbsterfahrungs-Seminar.

Mond in Löwe

Fühlt sich als heimliche Kronprinzessin. Strahlt innere Würde und Größe aus. Versorgt andere mit dem wärmenden Feuer des Herzens. Findet eigene Gefühle großartig. Braucht ständig neue Dramen, um sich wohl zu fühlen. Findet es entspannend, im Mittelpunkt zu stehen. Weiß, was Gefühle bedeuten können, und bringt sie theatralisch zur Geltung.

Merkur in Löwe

Denkt nur bedeutsame Gedanken und vorwiegend an sich selbst. Nimmt das Leben dramatischer wahr, als es ist. Reißt sein Maul gerne vor großem Publikum auf und hört sich selbst am liebsten reden. Kann eigene Überzeugungen mutig vertreten und andere zu selbstständigem und kreativem Denken motivieren. Beeindruckt mit Worten und denkt vorwiegend in Geschichten.

Venus in Löwe

Liebt dramatisch. Mag jeden, der sie in den Mittelpunkt stellt. Ist stolz auf ihre besonderen Liebreize. Gönnt sich gerne viele Verehrer. Gewinnt durch Aufmerksamkeit und Beifall an Ausstrahlung. Bevorzugt Beziehungen, die sich nicht jeder leisten kann.

Mars in Löwe
Ist sich sicher, dass an ihm kein Weg vorbeiführt. Packt nur Dinge an, die wirklich bedeutsam sind. Nimmt sich wichtig, um sich stark zu fühlen. Vollbringt nur große Taten. Kämpft mit ganzem Herzen für seine Ziele. Hält sich für einen großartigen Liebhaber und will stets der einzige sein.

Jupiter in Löwe
Ist der festen Überzeugung, direkt vom Sonnenkönig abzustammen. Versteht es wie kein anderer, zu leben und leben zu lassen. Findet es fortschrittlich, ständig bedient zu werden. Fühlt sich zu Größerem berufen. Nimmt sich wichtig und glaubt, dass dadurch alles besser wird. Kann Ego-Inflation nicht von echtem persönlichem Wachstum unterscheiden.

Saturn in Löwe
Hat riesige Angst vor der eigenen Bedeutungslosigkeit. Macht sich ständig wichtig, um dieser Angst zu entkommen. Inszeniert lieber einen Kraftakt zu viel, als Schwäche zu zeigen. Braucht lange, um seine persönlichen Grenzen zu erkennen. Sagt gerne »Ich«, um sich abzugrenzen. Entwickelt Format durch Selbstbeschränkung.

Ihre Löwe-Seiten können Sie dadurch entdecken und entwickeln, dass Sie

- beim morgendlichen Blick in den Spiegel laut vor sich hin sprechen: »Ich bin ich.«
- hin und wieder so richtig auf die Pauke hauen, damit jeder Sie hören und sehen kann.
- nichts tun, was unter Ihrem Niveau ist.

- eine leitende Position übernehmen oder sich selbstständig machen.
- zum Mittelpunkt Ihres Lebens werden.
- bei allem, was Sie tun, mit ganzem Herzen dabei sind.
- Ihrer Freude und Lebenslust Ausdruck verleihen.
- sich auch an große Aufgaben heranwagen.

Ihre unentwickelten Löwe-Seiten erkennen Sie daran, dass Sie

- alles viel dramatischer darstellen, als es wirklich ist.
- stets das Beste für sich verlangen.
- Ihre Ansprüche immer wieder um das Doppelte steigern.
- alles persönlich nehmen.
- als Egoist verschrien sind.
- sich für unübertreffbar halten.
- andere wie Dienstpersonal behandeln.

Planeten in Jungfrau ♍

Allgemeine Tendenzen

Planeten im beweglichen Erdzeichen Jungfrau tun alles, um den Schein zu wahren. Sie waschen ihre Hände vorzugsweise in Unschuld und sorgen dafür, dass unser Leben keimfrei bleibt.

Jungfrau-Planeten halten uns ständig unter Kontrolle. Sie achten darauf, dass wir fortwährend unter ihrer Supervision stehen, und dadurch immer besser werden.

Jungfrau-Planeten haben an allem etwas auszusetzen. Sie lassen uns erst dann zufrieden, wenn wir genug genörgelt haben. Es gibt nichts, was Jungfrau-Planeten nicht noch verbessern könnten.

Jungfrau-Planeten wollen, dass wir uns nützlich machen. Sie

sind für jeden Verbesserungsvorschlag zu haben und sorgen dafür, dass wir unsere Kräfte effektiv und möglichst ökonomisch einsetzen.

Jungfrau-Planeten vergeuden nichts und sparen an allem. Sie gönnen sich wenig und anderen gar nichts.

Jungfrau-Planeten sind gegen alles versichert. Sie scheuen das Risiko und planen jeden Schritt bis ins letzte Detail. Dafür können wir uns stets auf ihren Fleiß und ihre Gründlichkeit verlassen. Im Kampf gegen das Chaos helfen sie uns, rational und nüchtern vorzugehen und keine Kleinigkeit zu übersehen.

Jungfrau-Planeten sind ständig am Verarbeiten und bescheren uns damit eine Menge Verdauungsprobleme. Mit ihrem Unterscheidungsvermögen sortieren sie alles, was wir aufnehmen, und zwingen uns, das auszuscheiden, was unserer Natur nicht entspricht.

Jungfrau-Planeten sind die geborenen Butler. Sie stehen stets zu unseren Diensten und sind überglücklich, wenn wir sie nutzbringend einsetzen. Sie helfen uns, alles zu verwerten, was uns begegnet.

Mit ihrer Bescheidenheit sorgen Jungfrau-Planeten dafür, dass wir uns immer hinten anstellen. Sie haben die Größe, anderen den Vortritt zu lassen, weil sie sich selbst genügen.

Wenn wir nicht auf unsere seelische und körperliche Hygiene achten, bescheren uns Jungfrau-Planeten permanent Krisen. Sie sind peinlichst auf unsere Reinheit bedacht und haben Angst davor, dass wir uns zu sehr ins Leben mischen.

Sonne in Jungfrau

Achtet auf eine ordnungsgemäße und effektive Persönlichkeitsentwicklung. Findet Selbstkontrolle identitätsstiftend. Passt sich an, um wer zu sein. Braucht einen Plan, um sein innerstes Wesen zu finden. Lebt nur mit äußerster Vorsicht sich selbst. Reift unter ständigem Nörgeln zur Persönlichkeit heran.

Mond in Jungfrau

Verschreckt mit seiner Sachlichkeit jede Gefühlsregung. Fühlt genau nach Plan. Drückt Nähe und Zuwendung durch Pünktlichkeit aus. Kennt Gefühlsausbrüche nur aus Lehrbüchern. Analysiert gerne, was ihn seelisch bewegt. Kann nur unter Supervision entspannen. Mag es, sich nützlich zu machen. Fühlt sich dann am wohlsten, wenn alles wie am Schnürchen klappt. Hat für jedes Gefühl die passende Schublade.

Merkur in Jungfrau

Kommuniziert mit dem Charme einer Bedienungsanleitung. Denkt vorwiegend in Details. Redet ohne Rechtschreibfehler. Kann aufpassen wie ein Luchs. Verliert sich gerne in Details. Übersieht nichts und merkt sich alles. Bringt mit seiner Logik selbst Computer um den Verstand.

Venus in Jungfrau

Bevorzugt Kleinkariertes und Pepita-Muster. Liebt alles, was praktisch oder versichert ist. Hat sich immer in der Hand und ist deshalb schwer zu kriegen. Hält Kontrolle für eine besondere Form der Ekstase. Ist keusch, ohne sich daran zu halten.

Mars in Jungfrau

Setzt sich durch, indem er sich nützlich macht. Beherrscht sein Handwerk perfekt und hat sich stets im Griff. Wird nur dann wütend, wenn etwas nicht wie geschmiert läuft. Kann mit seinen Kräften haushalten wie kein anderer. Schlägt vorsichtig, aber präzise zu. Beherrscht seine Sexualität perfekt und kommt präzise auf den Punkt.

Jupiter in Jungfrau

Erreicht mit kleinen Schritten große Ziele. Hält die Kritik der reinen Vernunft für eine Heilslehre. Wächst durch übertriebene

Bescheidenheit über sich hinaus. Sucht unterm Mikroskop nach Gott. Glaubt an alles, was wissenschaftlich beweisbar ist.

Saturn in Jungfrau

Hat Angst davor, die Kontrolle zu verlieren. Ist gegen alles versichert, um diese Angst loszuwerden. Hält sich mit Schuldgefühlen unter Kontrolle. Findet immer ein Haar in der Suppe, um sich abzugrenzen. Gewinnt durch Bescheidenheit an Größe.

Ihre Jungfrau-Seiten können Sie dadurch entdecken und entwickeln, dass Sie

- darauf achten, gesund zu leben.
- sich für andere nützlich machen.
- möglichst pünktlich und zuverlässig sind.
- Ihre praktischen Fähigkeiten mehr nutzen.
- nichts an sich heranlassen, was Ihnen nicht entspricht.
- Ihr Unterscheidungsvermögen schärfen.
- insgesamt etwas kritischer werden.
- sich in den Dienst einer Sache stellen.

Ihre unentwickelten Jungfrauseiten erkennen Sie daran, dass Sie

- sorgfältig jede Minute Ihres Lebens verplanen.
- übertrieben vorsichtig sind.
- gegen alles versichert sind.
- Ihre Hände gerne in Unschuld waschen.
- dreimal täglich Ihre Wohnung aufräumen.
- für alles eine Bedienungsanleitung brauchen.
- auch dann pünktlich sind, wenn Sie nicht verabredet sind.
- alles pingelig genau nehmen.
- immer was zu nörgeln haben.
- alles glauben, was wissenschaftlich beweisbar ist.

Planeten in Waage ♎

Allgemeine Tendenzen

Planeten im kardinalen Luftzeichen Waage tun das, was andere von ihnen erwarten. Sie fragen ständig, wie andere sie gerne hätten. Deshalb erreichen sie ihre Ziele nur zu zweit, nicht alleine. Sie brauchen ein Gegenüber, über das sie sich definieren können, und jemanden, der die unangenehmen Dinge für sie erledigt.

Waage-Planeten ringen ständig um ihr Gleichgewicht und sind deshalb für jeden Kompromiss zu haben. Sie bevorzugen unklare Positionen, um niemanden zu benachteiligen. Sie machen uns unerbittlich unentschlossen und sorgen dafür, dass meist die äußeren Umstände für uns die Entscheidungen fällen.

Waage-Planeten drücken sich meist so diplomatisch aus, dass wir ihren Standpunkt nie kennen lernen. Jede Eindeutigkeit ist unter ihrer Würde. Sie lassen sich gerne von anderen sagen, was sie wollen. Entscheidungssituationen gehen ihnen an die Nieren, und Konfliktsituationen gehen ihnen unter die Haut, wo sie für Ausschläge sorgen.

Waage-Planeten machen uns zu Charmeuren. Mit ihrer Liebenswürdigkeit bezwingen sie jeden Widerstand. Ihnen verdanken wir, dass wir Weltmeister im Vermeiden eigener Konflikte und im Lösen der Konflikte anderer sind. Waage-Planeten kümmern sich lieber um fremde als um eigene Probleme.

Waage-Planeten nehmen nur das wahr, was ihnen ins Konzept passt. Was ihnen unangenehm ist, fällt unter den Tisch, weil es unlogisch ist. Dafür lieben sie alles, was schön ist. Sie streben nach vollkommener künstlerischer Harmonie und bringen Stil und Ästhetik in unser Leben.

Wird die Energie von Waage-Planeten nicht adäquat ausgedrückt, kommt es zum Drama des »begabten« Kindes, das anderen die Wünsche von den Augen abliest, und sich allem anpasst, was von ihm verlangt wird.

Sonne in Waage
Findet Beziehungen identitätsstiftend. Braucht einen Partner, um sich selbst zu leben. Schwankt ständig um seinen Wesenskern. Reift zwischen verschiedenen Standpunkten zur eigenen Persönlichkeit heran. Weiß sehr genau, wer er nicht ist. Strebt nach Schönheit im Leben, um sich selbst zu finden. Ist stets freundlich, um sein Selbstwertgefühl zu steigern.

Mond in Waage
Fühlt sich wohl in unentschiedenen Schwebezuständen. Legt sich emotional nur ungern fest. Erfährt durch andere, was er braucht. Ist stark von harmonischen Stimmungen abhängig. Wird durch die Spiegelung der eigenen Liebenswürdigkeit genährt. Gerät selbst bei kleinen Konflikten seelisch aus dem Gleichgewicht. Macht seiner Mutter ständig Komplimente, um von ihr loszukommen.

Merkur in Waage
Sagt, was andere hören wollen. Redet nur in »Sowohl als auch«-Sätzen. Denkt mit beiden Gehirnhälften gleichzeitig, um sich nicht entscheiden zu müssen. Sagt nur dann seine Meinung, wenn garantiert niemand zuhört. Geht jeder klaren Aussage entschieden aus dem Weg. Nimmt bevorzugt das Schöne und Gute wahr.

Venus in Waage
Liebt alles, was schön ist. Entscheidet sich nur für Dreiecksgeschichten. Findet alles attraktiv, was nicht ganz zu haben ist. Verliebt sich gerne in Entscheidungsprobleme. Verwechselt Harmonie mit Liebe. Paart klassische Schönheit mit kühler Distanz.

Mars in Waage

Setzt sich durch, indem er gleichzeitig ja und nein sagt. Kämpft mit unerbittlicher Unentschlossenheit für seine Ziele. Nimmt jeden Umweg in Kauf, um Konflikte zu vermeiden. Bezieht seine Kraft und Stärke aus unterschiedlichen Standpunkten. Bringt stets andere dazu, für ihn zuzuschlagen. Niveauvoller Verführer, der nur kultiviert zur Sache kommt.

Jupiter in Waage

Strebt in Beziehungen nach Höherem. Mag keine Götter, die nicht im Gleichgewicht sind. Schöpft Zuversicht aus Harmonie und Schönheit. Kann jede Gerechtigkeit übertreiben. Verspricht sich viel von seinen Beziehungen.

Saturn in Waage

Hat Angst vor Konflikten und Abhängigkeit. Ist betont friedlich und beziehungsorientiert, um diese Angst nicht zu spüren. Gerät dadurch in Beziehungen, in denen er sich selbst verleugnen muss. Sucht den Kontakt, um sich abzugrenzen. Gewinnt durch Entschiedenheit an Profil.

Ihre Waageseiten können Sie dadurch entdecken und entwickeln, dass Sie

- Streitigkeiten schlichten, an denen Sie nicht beteiligt sind.
- sich den schönen und angenehmen Seiten des Lebens öffnen.
- Ihren Charme zeigen und auf andere zugehen.
- stets beide Seiten einer Medaille im Auge haben.
- Rücksicht auf die Bedürfnisse anderer nehmen.
- Gerechtigkeit üben.

Ihre unentwickelten Waageseiten erkennen Sie daran, dass Sie

- einen Kompromiss nach dem anderen schließen.
- stets Ihrem Partner die unangenehmen Arbeiten überlassen.

– so gut wie nie eigene Entscheidungen treffen.
– jeder Auseinandersetzung aus dem Weg gehen.
– vorwiegend in Dreiecksbeziehungen leben.
– ständig andere um Rat fragen.
– andere für Ihre Ziele einspannen.
– nichts alleine machen können.

Planeten in Skorpion ♏

Allgemeine Tendenzen

Planeten im fixen Wasserzeichen Skorpion vergessen nie etwas und sind extrem nachtragend. Jede seelische Verletzung wird mit Ausdauer gerächt. Skorpion-Planeten wissen, was am meisten weh tut und wo sie uns treffen können.

Skorpion-Planeten versorgen uns mit einer enormen Willenskraft und verlangen von uns ein leidenschaftliches Leben. Immer wenn es gefährlich wird, sind Skorpion-Planeten daran beteiligt. Sie brauchen intensive seelische Erlebnisse und stürzen uns ständig mitten in die größten Gefahren hinein.

Skorpion-Planeten sorgen immer wieder für Krisen, weil wir daraus Kraft schöpfen. Sie lassen uns »sterben«, damit wir leben können, und sind der festen Überzeugung, dass wir erst viel durchmachen müssen, bevor wir unser Potenzial entfalten können.

Skorpion-Planeten brauchen ihre Geheimnisse. Sie können sehr verschlossen sein, und es dauert lange, bis sie jemandem wirklich vertrauen. Dieses Vertrauen zu missbrauchen kann »tödlich« sein.

Skorpion-Planeten lösen gerne therapeutische Prozesse aus. Sie fühlen sich der Wahrheit verpflichtet und decken jede Unwahrhaftigkeit schonungslos auf. Sie sorgen dafür, dass wir authentisch und ehrlich sind und keine falschen Kompromisse schließen. Mit ihnen zu leben, ist nicht einfach, doch wenn wir sie ignorieren, vergiften wir uns damit selbst.

Skorpion-Planeten fordern uns dazu auf, mit unserer Macht umgehen zu lernen. Mit ihrer enormen seelischen Wunschkraft können wir ungeheure Energien binden und anderen unseren Willen aufzwingen. Doch sobald wir der eigenen Macht erliegen, werden wir selbst zum Opfer der Geister, die wir riefen. Dafür können wir mit Skorpion-Planeten die seelischen Tiefen menschlicher Existenz erforschen und all jene Geheimnisse lüften, an denen wir sonst zu ersticken drohen. Da Skorpion-Planeten vor nichts Halt machen, kann dies jedoch auch selbstzerstörerische Tendenzen auslösen. Der einzige Sieg, der dann noch zählt, ist der Sieg über uns selbst.

Skorpion-Planeten kennen kein Mittelmaß. Von jeder Gefühlsregung kennen sie nur die extremen Pole. Ihre Liebe schlägt sofort in Hass um, die Welt dazwischen ist ihnen zu lau. Sie intensivieren jede Emotion und lassen sie zur kochenden Leidenschaft werden. Vor ihrer legendären Eifersucht ist niemand sicher, und diese in wahre Liebe zu verwandeln, ist der größte Liebesdienst, den wir ihnen erweisen können.

Skorpion-Planeten mögen es, wenn wir ihnen hörig sind. Sobald sie jedoch Gefahr laufen, ihren Einfluss auf uns zu verlieren, stürzen sie uns schonungslos in jeden Abgrund, der sich bietet. Ihnen zu dienen, ist eine Aufgabe, die jeden geläutert zurücklässt, der sich ihr aufrichtig stellt.

Wird die Skorpion-Energie nicht adäquat ausgedrückt, dann leben wir das genaue Gegenteil dessen, was bislang beschrieben wurde. Sorgfältig jeglichen Wandlungsprozess und jede Gefühlsintensität vermeidend, wandeln wir dann mit zusammengebissenen Zähnen durch die selbst verursachten Schmerzen und Leiden des Lebens und sind den eigenen Emotionen schutzlos ausgeliefert.

Sonne in Skorpion

Braucht Krisen, um sich selbst zu finden. Sucht den Schmerz, um wer zu sein. Reift nur unter Gefahren zur eigenen Persönlichkeit heran. Findet Geheimnisse identitätsstiftend. Weiß, wer er ist, ohne es zu verraten. Erforscht sich selbst bis zum Rande der Selbstzerstörung. Beseitigt radikal jeden unerwünschten Teil seines Wesens.

Mond in Skorpion

Fühlt sich wohl, wenn Gefahr droht. Nährt sich durch intensive Leidenschaften und verbirgt seine wahren Gefühle. Erreicht mit magnetischer Anziehungskraft tiefe seelische Nähe. Wird umso gefährlicher, je näher jemand innerlich herankommt. Verzichtet lieber auf die Erfüllung seiner Bedürfnisse, als sich auszuliefern. Ist nie vor den psychischen Übergriffen seiner Mutter sicher.

Merkur in Skorpion

Spricht über das, was andere verschweigen. Redet sich daher mit wenigen Sätzen um Kopf und Kragen. Verliert nur wenige Worte, von denen aber jedes wehtut. Entlockt anderen Menschen Geheimnisse, ohne selbst welche preiszugeben. Ist der geborene Lügendetektor und hasst Small-Talk. Stürzt sich voller Neugier auf alles, was tabu ist.

Venus in Skorpion

Liebt den Schmerz und alles, was Leiden schafft. Holt aus ihren Partnern das Letzte heraus. Will in Beziehungen alles oder nichts. Weiß Sex als Waffe einzusetzen. Mag auch die dunklen Seiten einer Partnerschaft. Lässt in der Liebe keine Sünde aus.

Mars in Skorpion

Braucht den Schmerz, um aktiv zu werden. Kriegt auch das, was eigentlich nicht zu kriegen ist. Entwickelt Kraft und Stärke jenseits des Erlaubten. Läuft unter Gefahr zur Hochform auf. Handelt diskret und kompromisslos und erledigt meist die unangenehmen Aufgaben. Weiß seinen Stachel auch in der Sexualität instinktsicher einzusetzen.

Jupiter in Skorpion
Kennt zu jeder Leidenschaft die passende Übertreibung. Taucht tief in die eigene Seele hinab, um hoch hinauszukommen. Findet Abgründe viel versprechend und hat einen ausgesprochenen Sinn für das Hintergründige. Steigt aus jedem Trümmerhaufen seines Lebens wie ein Phönix aus der Asche.

Saturn in Skorpion
Hat Angst davor, sich ausgeliefert zu fühlen. Manipuliert ständig andere, um diese Angst nicht zu spüren. Lebt entweder enthaltsam oder promiskuitiv, um sich vor intensiven Gefühlen zu schützen. Gewinnt an Format, wenn er sich seelisch einlässt.

Ihre Skorpionseiten können Sie dadurch entdecken und entwickeln, dass Sie
- Ihren Geheimnissen auf die Spur kommen.
- auch mal wild und gefährlich leben.
- Ihre Leidenschaften genießen.
- Ihre Anziehungskraft intensiver einsetzen.
- sich in Therapie begeben.
- auch unangenehmen Wahrheiten ins Auge blicken.
- hin und wieder ein Tabu brechen.
- sich Ihrer Angst vor dem Tod stellen.
- Ihre Macht nicht länger missbrauchen.

Ihre unentwickelten Skorpionseiten erkennen Sie daran, dass Sie
- sich nie in die Karten blicken lassen.
- stets nachtragend sind.

– immer gut getarnt bleiben.
– sich ständig in Gefahr begeben.
– so gemein sind, wie nur irgend möglich.
– keine Freunde mehr haben.
– kein Tabu auslassen können.
– alles tun, um sich selbst zu zerstören.

Planeten in Schütze ♐

Allgemeine Tendenzen

Planeten im beweglichen Feuerzeichen Schütze wissen alles besser. Sie haben einen Drang nach Höherem und können in allem einen tieferen Sinn erkennen. Sie befinden sich stets im Höhenflug und können sich nur schwer in den Niederungen des Lebens zurechtfinden.

Schütze-Planeten machen uns ständig Hoffnungen. Sie sind davon überzeugt, dass in Zukunft alles besser wird. Sie sorgen dafür, dass wir das Leben mit Optimismus und Zuversicht anpacken. Mit ihrer Hilfe richten wir unseren Blick stets nach vorne und vergessen, was hinter uns liegt.

Schütze-Planeten lassen uns stets das Optimale anstreben. Sie stärken unseren Glauben an uns selbst, damit wir durch ihn Berge versetzen. Schütze-Planeten wollen nur unser Bestes, den Rest dürfen wir behalten.

Schütze-Planeten übertreiben alles. Bei ihnen darf es ruhig etwas mehr sein. Sie sind Überfluss gewohnt und verführen uns, oft mehr zu versprechen, als wir halten können. Sie lassen uns vorwiegend das sehen, was möglich ist, und nicht das, was wirklich ist.

Schütze-Planeten wissen immer einen Ausweg, oder zumindest tun sie so als ob. Sie sind auch im tiefsten Keller immer obenauf und lassen den Kopf nur hängen, wenn niemand es sieht.

Schütze-Planeten sind von sich überzeugt und überzeugen damit andere. Sie geben uns die Gewissheit, alles richtig zu machen und auf dem besten Weg zu sein. Mit ihrer Hilfe reißen wir alles mit, was nicht durch einen festen Glauben gebunden ist.

Ohne Freiraum und eine gewisse Unabhängigkeit lassen sich Schütze-Planeten nur schwer leben. Wer es nicht schafft, sein Leben auf eine klare Vision hin auszurichten, wird mit Schütze-Planeten zum ewigen Besserwisser, der nie tut, was er angeblich besser weiß.

Sonne in Schütze

Findet einen festen Glauben identitätsstiftend. Überzeugt andere, um von sich selbst überzeugt zu sein. Braucht ständig eine Vision davon, wer er möglicherweise sein könnte. Fühlt sich zu Höherem berufen. Hält sich immer für eine Nummer größer, als er eigentlich ist. Streift in die Ferne, um sich zu finden.

Mond in Schütze

Braucht es, gut drauf zu sein. Fühlt sich nur durch Hochstimmung wirklich genährt. Reißt andere mit, um ihnen nahe zu sein. Findet nur an fernen Horizonten Geborgenheit. Braucht alles im Übermaß, um sich wohl zu fühlen. Nährt sich an der Vielzahl seiner Möglichkeiten. Behandelt seine Mutter wie ein Heiligtum.

Merkur in Schütze

Telefoniert täglich mit Gott. Empfängt auch anderweitig ständig Botschaften. Redet nicht, sondern predigt. Sagt immer ein Wort zu viel. Ist nie um eine schlaue Frage verlegen und immer von seiner Meinung überzeugt. Denkt nur mitreißende Gedanken und solche, die er für seine eigenen hält. Strebt beständig nach höherer Bildung.

Venus in Schütze

Liebt alle, die mit ihr der gleichen Überzeugung sind. Stürzt sich voller Begeisterung und Enthusiasmus in Partnerschaften, um bald darauf davonzufliegen. Schätzt an Beziehungen die neuen Horizonte und Freiräume, die sie erschließen. Fühlt sich über die Liebe erhaben. Kann aus anderen die besten Seiten herausheben. Mag alles, was aus der Ferne kommt.

Mars in Schütze

Kann alles besser als andere. Streitet sich nur um höhere Werte. Ist sich ständig selbst voraus. Packt gerne zu, damit es wieder bergauf geht. Schöpft Kraft aus der Hoffnung, dass alles besser geht, wenn er sich einmischt. Handelt nur in höherem Auftrag. Lässt sich nicht gerne auf die Füße treten und bleibt selten auf dem Teppich. Hält seinen Zorn für heilig und meidet die dunklen Seiten der Sexualität.

Jupiter in Schütze

Weiß für jeden, wo's langgeht. Ist von seinen besseren Überzeugungen überzeugt. Hat stets die richtige Botschaft auf Lager und die Weisheit mit dem Löffel gefressen. Schießt über jedes Ziel hinaus. Vertraut höheren Fügungen und glaubt an seine Ideale.

Saturn in Schütze

Hat Angst vor der Sinnlosigkeit des Daseins. Wird dadurch zum fanatischen Atheisten oder verkrampften Moralapostel. Überzeugt andere, um sich abzugrenzen. Muss sein eigener Guru werden. Gewinnt durch den Glauben an sich selbst an Format.

Ihre Schützeseiten können Sie dadurch entdecken und entwickeln, dass Sie

- darauf vertrauen, dass alles besser wird.
- nach Höherem streben.

- alles mit Überzeugung tun.
- Tempo in Ihr Leben bringen
- optimistischer werden.
- für mehr Wachstum in Ihrem Leben sorgen.

Ihre unentwickelten Schützeseiten erkennen Sie daran, dass Sie

- es alle wissen lassen, dass Sie es besser wissen.
- nur von sich selbst überzeugt sind.
- sich stets auf der Überholspur befinden.
- sich ständig mehr erhoffen.
- heute schon auf Kosten Ihrer Zukunft leben.
- übertreiben, wo Sie nur können.
- überall nach Gott suchen.

Planeten in Steinbock ♑

Allgemeine Tendenzen

Planeten im kardinalen Erdzeichen Steinbock sind hart im Nehmen. Sie verlangen von uns, dass wir die volle Verantwortung für unser Handeln übernehmen. Sie sind wie Steine, die uns immer wieder im Weg liegen, um uns zur Auseinandersetzung mit den materiellen Grundlagen unseres Lebens zu mahnen.

Steinbock-Planeten haben immer etwas zu tun. Sie sorgen dafür, dass wir unseren Alltagsverpflichtungen nachkommen und unsere Hände erst dann in den Schoß legen, wenn wir eine Aufgabe zu Ende gebracht haben. Sie lassen sich lediglich durch harte Arbeit einigermaßen milde stimmen, und es ist kaum möglich, uns ihrem Leistungsdruck zu entziehen.

Steinbock-Planeten halten sich an die Regeln und Gesetze des Lebens. Bei jedem Verstoß gegen ihre Ordnung bestrafen sie uns mit Schuldgefühlen. Sie sind gnadenlose Lehrmeister und bringen Struktur und Disziplin in unser Leben. Sie helfen uns dabei, die Dinge realistisch zu sehen und klar einzuschätzen, was wir mit welchem Arbeitsaufwand erreichen können.

Steinbock-Planeten sind zurückhaltend. Sie sorgen dafür, dass wir uns klar abgrenzen und uns nicht gleich aus der Reserve locken lassen. Sie tauen nur langsam auf, dafür nehmen sie Beziehungen besonders ernst und sind zuverlässige Partner. Was Steinbock-Planeten versprechen, das halten sie auch.

Wenn wir unseren Steinbock-Planeten zu viel Gewicht geben, führen wir meist ein freudloses Leben, das schwer mit Verantwortung beladen ist. Schwerfällig und unbeweglich halten wir uns dann nur an das, was sich bewährt hat, und ersticken alles Lebendige durch Schwermut und zwanghafte Pflichterfüllung.

Auf der anderen Seite können uns Steinbock-Planeten die Ruhe und Gelassenheit geben, das Leben so zu nehmen, wie es ist, und uns lehren, geduldig und beharrlich unseren Weg zu gehen.

Sonne in Steinbock
Empfindet die Bewältigung von schweren Problemen als identitätsstiftend. Braucht konkrete Aufgaben, um seine Persönlichkeit zu entfalten. Sieht es als seine Pflicht an, er selbst zu sein. Bringt seinen Wesenskern mit allen Ecken und Kanten zum Ausdruck. Setzt sich starken Belastungen aus, um als Persönlichkeit zu reifen. Übernimmt jede Verantwortung, die ihn zu sich selbst führt.

Mond in Steinbock
Lernt schon früh, für sich selbst zu sorgen. Braucht lange, um sich seelisch zu öffnen und Nähe zuzulassen. Nährt sich durch Rückzug und Alleinsein. Weicht durch Arbeit seinen Gefühlen aus. Fühlt sich für alles verantwortlich, was er sich vertraut gemacht hat. Glaubt zeitlebens, seiner Mutter etwas schuldig zu

sein. Hält stur an seinen Gefühlen fest und kann sich seelisch gut abgrenzen. Braucht klare Strukturen, um sich wohl zu fühlen.

Merkur in Steinbock

Sagt wenig, aber das mit Nachdruck. Bringt mit seinem knochentrockenen Humor selbst Steine zum Lachen. Kommuniziert in Form von klaren und präzisen Anweisungen. Nimmt an allem die problematischen Seiten wahr. Hält seinen Pessimismus für eine besonders realistische Form der Wahrnehmung. Hält das Format seiner Gedanken stets in Einklang mit der geltenden DIN-Norm.

Venus in Steinbock

Liebt streng nach Vorschrift. Gibt sich gerne zugeknöpft, um den Partner zu Höchstleistungen anzutreiben. Verliebt sich meist nur einmal, dafür aber gründlich. Kann warten, bis sie auserwählt wird. Verzichtet auf manche Hingabe, weil sie sich zu schade dafür ist. Ist schwer zu kriegen, erfüllt dafür zuverlässig ihre Liebespflichten.

Mars in Steinbock

Ist hart im Nehmen und tut alles, was hart macht. Kennt seine Grenzen und fühlt sich für seine Taten verantwortlich. Schlägt meist nur einmal zu, dafür präzise und effektiv. Bleibt an allem kleben, was nach Arbeit riecht. Verfolgt seine Ziele bis zur bitteren Neige. Steigert seine Kraft an äußeren Widerständen und reibt sich gerne an Problemen. Kann warten, bis sich die Dinge von selbst erledigen. Hält sich in der Sexualität streng an die Regeln und hasst es, seine Energie zu vergeuden.

Jupiter in Steinbock

Hat einen ausgeprägten Sinn für Verantwortung. Glaubt an die Kraft von Regeln und Vorschriften. Fühlt sich dennoch über irdische Gesetze erhaben. Hält Gott für einen Moralapostel. Nimmt alles ernst, um daran zu wachsen. Zieht vor jeden Horizont einen Zaun aus Vorschriften. Hält Pflichterfüllung für ein religiöses Gefühl.

Saturn in Steinbock

Hat Angst zu versagen. Ist hart zu anderen und noch härter zu sich selbst, um diese Angst zu unterdrücken. Weicht keiner Pflicht aus und begräbt sich selbst unter der Last seiner Verantwortung. Ist sich selbst sein bester Sklave. Gewinnt durch eine ausgewogene Selbstdisziplin und das Akzeptieren eigener Grenzen an innerer Autorität.

Ihre Steinbockseiten können Sie dadurch entdecken und entwickeln, dass Sie

- disziplinert leben.
- sich an bestehende Gesetze und Vorschriften halten.
- weniger tun, dies dafür ganz.
- nie etwas unerledigt lassen, da es ohnehin wiederkehrt.
- nichts ändern, was sich bewährt hat.
- die Verantwortung für Ihr Tun und Lassen übernehmen.
- Ihre Grenzen erkennen und akzeptieren.

Ihre unentwickelten Steinbockseiten erkennen Sie daran, dass Sie

- immer erst dann aufgeben, wenn es zu spät dafür ist.
- sich verbissen genau an alle Regeln halten, auch an die, die Sie noch nicht kennen.
- hart im Nehmen und noch härter zu sich selbst sind.
- stets mit dem Schlimmsten rechnen.
- zu allem zunächst »Nein« sagen.
- stets auf Ihr Recht pochen.
- konsequent den schwereren Weg wählen.
- stets vorher Ihren Vater um Erlaubnis fragen.

Planeten in Wassermann ♒

Allgemeine Tendenzen

Planeten im fixen Luftzeichen Wassermann sind selten zur Stelle, wenn wir sie brauchen. Sie bestehen auf ihrer Unabhängigkeit und düsen bei jeder Anforderung, die wir an sie stellen, in die Stratosphäre ab, von wo sie dann bei den unpassendsten Gelegenheiten in unser Leben zurückkehren und uns völlig unerwartet aus dem Trott des Alltags reißen.

Wassermann-Planeten machen meist das Gegenteil dessen, was wir von ihnen erwarten. Sie sind der festen Überzeugung, dass wir dadurch freier und unabhängiger werden. Sie stehen stets über den Dingen, was uns öfters Wadenkrämpfe bescheren kann. Sie lassen sich durch nichts festlegen, außer durch ihre eigene Ideologie, die abgesehen von ihnen leider niemand anderes verstehen kann. Dafür bewahren sie in jeder Situation den Überblick und helfen uns, für jedes Problem eine garantiert geniale Lösung zu finden. Bei der Umsetzung ihrer verrückten Ideen lassen sie uns dann allerdings wieder alleine.

Wassermann-Planeten arbeiten nur mit Gleichgesinnten zusammen und hassen es, wenn einer den Boss spielen will. Sie machen uns zu perfekten Teamarbeitern und sorgen dafür, dass wir uns für humanitäre Ziele einsetzen. Sie haben den Gleichstellungsbeauftragten erfunden, damit wir die verkrusteten Strukturen unseres Herrschaftssystems aufbrechen und für die Utopie von Freiheit, Gleichheit und Brüderlichkeit kämpfen.

Wassermann-Planeten zwingen uns, anders zu sein als alle anderen. Dieser Zwang zum Anderssein kann teilweise recht bizarre und skurrile Formen annehmen, gibt uns jedoch im

Zweifelsfall die Narrenfreiheit, alles zu tun, wofür andere bestraft werden würden.

Andererseits können Wassermann-Planeten eiskalt sein. Ihnen ist jeder vermeintliche Sachzwang recht, um sich aus der persönlichen Verantwortung zu stehlen. Sie sind kühle Strategen, die zur Verwirklichung ihrer Ideologien alles und jeden über die Klinge ihrer unerbittlichen Logik springen lassen. Ihr Abstraktionsvermögen lässt uns oft mit kühlem Verstand und ohne Rücksicht auf persönliche Gefühle und Bedürfnisse handeln.

Sonne in Wassermann

Empfindet sein Anderssein als identitätsstiftend. Reift sprunghaft zur eigenen Persönlichkeit heran und kann diese überraschend schnell ändern. Steht über den Dingen und findet dadurch zu sich selbst. Nimmt sich die Freiheit, so zu sein, wie andere nicht sind. Versucht, seinem eigenen Wesen überlegen zu sein und möglichst abstrakt zu leben.

Mond in Wassermann

Nimmt sich alle seelischen Freiheiten, die er braucht. Geht Nähe nur mit weit offenen Hintertüren ein. Fühlt sich in dieser Welt meist fremd und ungeborgen. Hat ein Seelenleben aus Teflon und bleibt nirgends haften. Versucht schon als Baby, von seiner freiheitsliebenden und unberechenbaren Mutter unabhängig zu werden.

Merkur in Wassermann

Produziert ständig neue Ideen, die keiner versteht. Denkt vorwiegend abstrakt und erfasst intuitiv größere Zusammenhänge. Ist mit seinen Gedanken schneller als sein Gehirn. Lässt öfters seinen Geist blitzen und denkt gerne originell. Verfügt über eine verrückte Wahrnehmung und springt mit seiner Aufmerksamkeit ständig von einem Gedanken zum nächsten. Braucht den geistigen Kitzel, um anderen zuhören zu können. Kommuniziert bevorzugt digital und per Datenfernübertragung.

Venus in Wassermann

Liebt alles, was anders und unkonventionell ist. Betrachtet Beziehungen als zwischenmenschliches Experiment. Begegnet Erwartungen anderer mit unerbittlicher Gegenwehr. Braucht ihre Freiheiten, um treu zu sein. Wird wie der Blitz von der Liebe getroffen und kann genauso schnell ihre Koffer packen und gehen. Empfindet Unabhängigkeit als besonders weibliches Gefühl.

Mars in Wassermann

Braucht die Rebellion, um aktiv zu werden. Setzt sich immer anders als erwartet durch. Handelt strategisch und mit viel Abstand zu den Dingen. Kann eiskalt seine Ziele verfolgen und schlägt nur aus der Distanz zurück. Kämpft gerne mit Gedanken und für übergeordnete Ziele. Nimmt gerne den Luftweg und vermeidet ausgetretene Wege. Findet nur das erregend, was unkonventionell ist.

Jupiter in Wassermann

Glaubt an die individuelle Glaubensfreiheit und nie an das, was andere glauben. Empfindet die Suche nach Gott als vorwiegend technisches Problem. Vertraut der Kraft der Aufklärung und hofft insgeheim auf Eingebungen von Außerirdischen. Gerät durch Hightech in Hochstimmung und erweitert seinen Horizont im Cyberspace. Verherrlicht den Papst als gelungene Karikatur Gottes.

Saturn in Wassermann

Hat Angst vor Gleichschaltung und dem Verlust seiner Freiheit und Eigenart. Brät eine verrückte Extrawurst nach der anderen, um dieser Angst zu entkommen. Verhält sich unpersönlich, um sich abzugrenzen. Gewinnt durch die Akzeptanz der eigenen Normalität und Durchschnittlichkeit ungewöhnliches Format.

Ihre Wassermannseiten können Sie dadurch entdecken und entwickeln, dass Sie
- sich anders verhalten, als andere es erwarten.
- in jeder Situation den Überblick behalten.
- auf Ihre Unabhängigkeit achten.
- Ihre Freiräume nutzen.
- für Überraschungen offen sind.
- Ihren plötzlichen Eingebungen folgen.

Ihre unentwickelten Wassermannseiten erkennen Sie daran, dass Sie
- konsequent über den Dingen stehen und sich nicht einlassen.
- genau das tun, womit Sie selbst nicht gerechnet haben.
- krampfhaft einer Ideologie folgen.
- sich durch nichts festlegen lassen.
- jederzeit mit Ufos rechnen.
- täglich eine Unabhängigkeitserklärung abgeben.
- alles, was Sie vorfinden, ändern müssen.

Planeten in Fische ♓

Allgemeine Tendenzen

Planeten im beweglichen Wasserzeichen Fische sind ständig in Auflösung begriffen. Ihre Sehnsucht nach Verschmelzung ist so stark, dass sie uns mit allem verbinden und eins werden lassen, was uns umgibt. Sie vermitteln uns ein feines Gespür für Stimmungen und bringen uns in Einklang mit der Atmosphäre der jeweiligen Situation, in der wir uns gerade befinden. Mit ihrer grenzenauflösenden Kraft verwischen sie alle trennenden Unterschiede, damit wir uns geborgen und aufgehoben fühlen.

Fische-Planeten begegnen ihrer eigenen Hilflosigkeit, indem sie anderen helfen. Mit ihrem Mitgefühl machen sie uns zum Retter all derer, die sich gerade in Not befinden und Unterstützung brauchen. Sie hören auch den leisesten Hilferuf und haben eine Schwäche für besonders hoffnungslose Fälle.

Fische-Planeten entziehen sich jedem festen Zugriff. Sie bevorzugen unscharfe Konturen und wären am liebsten gänzlich unsichtbar. Wenn wir sie zu sehr ins Rampenlicht des Lebens zerren, verbreiten sie Konfusion und Chaos und entschwinden im Nebel unserer verwirrten Sinne.

Fische-Planeten sorgen dafür, dass wir auf unsere Intuition vertrauen und unseren inneren Eingebungen folgen. Mit ihrer Abneigung gegen alles, was logisch und rational verstehbar ist, locken sie uns in ihre Welt voller Träume und Sehnsüchte, die aus lauter wunderbaren Bildern besteht.

Fische-Planeten verführen uns entweder dazu, der Realität zu entfliehen, oder aber, ihr ins Auge zu blicken und zu versuchen, sie durch unsere Vorstellungskraft zu perfektionieren. Da die Realität nur selten unseren Vorstellungen entspricht, leiden wir mit Fische-Planeten an der Lücke, die zwischen Wunsch und Wirklichkeit klafft. Dies kann zu einer Unzufriedenheit führen, die göttlichen Ursprungs ist und als Ausdruck der Unvollkommenheit menschlichen Daseins letztlich in Weltschmerz mündet – dem Lieblingsgefühl aller Fische-Planeten.

Fische-Planeten sind wie Schutzengel. Als Stoßdämpfer der Seele bewahren sie uns vor Erfahrungen, die zu schmerzhaft für uns wären. Notfalls helfen sie uns, die Wirklichkeit auszublenden und manches zu »übersehen«, was zu viel für uns wäre. Andererseits beschert uns ihr mangelndes Unterscheidungsvermögen eine Durchlässigkeit für vieles, was uns nicht entspricht. Erst wenn wir uns zunehmend von uns selbst entfremden, merken wir, dass wir unser eigentliches Wesen aus den Augen verloren haben und unter unseren Fehlidentifikationen leiden.

Fische-Planeten geben sich gerne schwach, um ihre Ziele zu erreichen. Weil wir sie oftmals unterschätzen, erreichen sie selbst das, was eigentlich unmöglich ist. Wenn wir ihnen keinen Raum zu ihrer Entfaltung geben, beschränkt sich ihr Wirken auf Illusionen, die fernab unserer eigentlichen Lebensrealität liegen.

Sonne in Fische

Findet es identitätsstiftend, nie zu wissen, wer er ist. Verliert sich in anderen, um sich selbst zu finden. Umschließt mit seinem Wesenskern die ganze Welt. Könnte jederzeit auch jemand anders sein. Reift durch Verwirrungen zur eigenen Persönlichkeit heran.

Mond in Fische

Braucht ständig Hilfe, um nicht in seinem Mitgefühl zu ertrinken. Spürt sehr genau, was andere brauchen. Kann bei jedem Hilferuf von außen seine eigenen Bedürfnisse sofort vergessen. Berauscht sich an Gefühlen und kann sich seelisch nur schwer abgrenzen. Hat eine Märtyrerin zur Mutter und versucht schon als Baby, sie zu erlösen.

Merkur in Fische

Kommuniziert vorwiegend telepathisch. Verliert sich in seiner grenzenlosen Fantasie und findet anschließend nicht mehr zurück. Kann seine eigenen Gedanken nicht von denen anderer unterscheiden und nennt dies Intuition. Schafft sich in Gedanken seine eigene, vollkommene und perfekte Welt. Nimmt bevorzugt Träume und innere Bilder wahr. Redet, um Verwirrung zu stiften.

Venus in Fische

Liebt alle Menschen, aber selten jemanden konkret. Ist verliebt in die Liebe und berauscht sich an Beziehungen. Kann mit allem verschmelzen, was schön ist. Ist ständig von ihren Traumpartnern enttäuscht. Glaubt mit ihrer Liebe anderen zu helfen.

Mars in Fische

Weiß immer erst hinterher, was er wann, wie und warum getan hat. Wird erst dann so richtig aktiv, wenn sich alles in Auflösung befindet. Gibt allem nach, um sich durchzusetzen. Erreicht seine Ziele am besten mit verbundenen Augen. Weicht lieber aus, statt zuzuschlagen. Kann sich perfekt in die sexuellen Sehnsüchte anderer einschleichen und lässt sich auch gerne selbst verführen.

Jupiter in Fische

Hat einen Sinn für menschliche Schwächen und Unvollkommenheiten. Verspricht sich viel von seiner Nächstenliebe. Glaubt an alles, was Erlösung verheißt. Kann jedes Mitgefühl hoffnungslos übertreiben. Kennt bei seinen mystischen Höhenflügen keine Grenzen. Empfindet seinen Weltschmerz als göttliches Gefühl.

Saturn in Fische

Hat Angst davor, hilflos zu sein und ausgenutzt zu werden. Rettet ständig andere und opfert sich für sie auf, um Vergebung für seine Angst zu erlangen. Kann sich paradoxerweise in anderen auflösen, um sich von ihnen abzugrenzen. Gewinnt durch das Akzeptieren seiner eigenen Hilflosigkeit an Format.

Ihre Fischeseiten können Sie dadurch entdecken und entwickeln, dass Sie

- Ihre Leidensfähigkeit in Mitgefühl verwandeln.
- andere Menschen von Ihrer Hilflosigkeit entlasten.

- im Fluss bleiben und an nichts festhalten.
- Ihren inneren Eingebungen folgen.
- sich Ihre eigenen Schwächen vergeben.
- Ihren Sehnsüchten Ausdruck verleihen.
- auf Ihre Intuition vertrauen.

Ihre unentwickelten Fischeseiten erkennen Sie daran, dass Sie
- nur denen helfen, die nicht zu retten sind.
- jedes sinkende Schiff erst nach seinem Untergang verlassen.
- schwer zu fassen und nie zu kriegen sind.
- alles tun, was unlogisch ist.
- ständig benebelt sind.
- niemals Ihren Schutzengel im Stich lassen.
- jemand brauchen, der für Ihren Lebensunterhalt aufkommt.
- sich im Notfall immer auf Ihr Künstlerdasein berufen.
- viel schlafen und süß träumen.
- Verwirrung stiften, wo es nur geht.
- sich nach allem sehnen, was süchtig macht.
- die meiste Zeit unsichtbar sind.
- niemanden retten, der es verdient hat.

Horoskopachsen, Quadranten und Häuser

Die Horoskopachsen, Quadranten und Häuser geben dem Horoskop eine besondere und individuelle Note. Da sich die Stellung der Planeten in den Tierkreiszeichen im Laufe eines Tages nur unwesentlich ändert, vom schnell laufenden Mond einmal abgesehen, haben alle Menschen, die an einem bestimmten Tag geboren werden, annähernd die gleichen Planetenkonstellationen. Durch das Einzeichnen der Horoskopachsen und der Häuser ins Horoskop kommen diese Planeten aufgrund unterschiedlicher Geburtszeiten jedoch in unterschiedlichen Häusern zu stehen. Die mit den Planeten verbundenen Themen werden dadurch in ganz verschiedenen Lebensbereichen zum Ausdruck gebracht (siehe »Aufbau und Struktur des Horoskops«, S. 233).

Alle Menschen, die an einem bestimmten Tag geboren sind, bringen daher jeweils ähnliche Grundanliegen, die durch die Planetenstellungen in den Tierkreiszeichen und durch ihre Aspekte zueinander symbolisiert werden, auf ganz individuelle Weise in verschiedenen Bereichen ihres Lebens zur Verwirklichung und können daher ganz unterschiedliche Biografien aufweisen. Ihre strukturellen Gemeinsamkeiten werden jeweils anders verwirklicht, wodurch sie sich ganz erheblich voneinander unterscheiden können.

Wie die Horoskopachsen, Quadranten und Häuser zustande kommen

Für ein vertieftes Verständnis der folgenden Ausführungen sind einige astronomische Grundkenntnisse erforderlich. Sie können den Abschnitt jedoch auch überblättern und sich gleich dem Abschnitt zur Deutung der Horoskopachsen und Häuser zuwenden.

Die Horoskopachsen kommen durch die Drehung der Erde um sich selbst zustande. Ihre Berechnung ist abhängig vom dem Ort, an dem die Geburt stattgefunden hat, und vom Zeitpunkt der Geburt. Zwei Menschen, die zum gleichen Zeitpunkt am selben Ort geboren werden, haben identische Horoskopachsen. Es kann jedoch auch sein, dass zwei Menschen, deren Geburtszeit beispielsweise eine Stunde auseinander liegt, aufgrund unterschiedlicher Geburtsorte dennoch nahezu identische Horoskopachsen haben. Wenn z. B. bei einer Geburt, die in Berlin stattgefunden hat, gerade das Tierkreiszeichen Jungfrau am Schnittpunkt von Horizont und Ekliptik (dieser Punkt entspricht dem Aszendenten) gestanden hat, dann wird es eine Stunde später bei einer Geburt in London ebenfalls am Schnittpunkt des dortigen Horizonts mit der Ekliptik stehen, weil die Erde sich in dieser Stunde ein Stück weiter um sich selbst gedreht hat.

Die Hauptachsen im Horoskop bestehen aus einer Aszendent/Deszendent-Achse (AC/DC-Achse) und einer Medium Coeli/Immum Coeli-Achse (MC/IC-Achse). Astronomisch gesehen bildet der Schnittpunkt der Horizontachse mit der Ekliptik im Osten den Aszendenten (AC) und im Westen den Deszendenten (DC). Der Schnittpunkt der Himmelsmitte mit der Ekliptik bildet das Medium Coeli (MC), der Schnittpunkt der Himmelstiefe mit der Ekliptik das Immum Coeli (IC). Bei der Zeichnung eines Horoskops wird der AC üblicherweise links eingezeichnet, ihm gegenüber liegt der DC. Der MC kommt oberhalb der AC/DCAchse zu liegen, der IC unterhalb, dem MC ge-

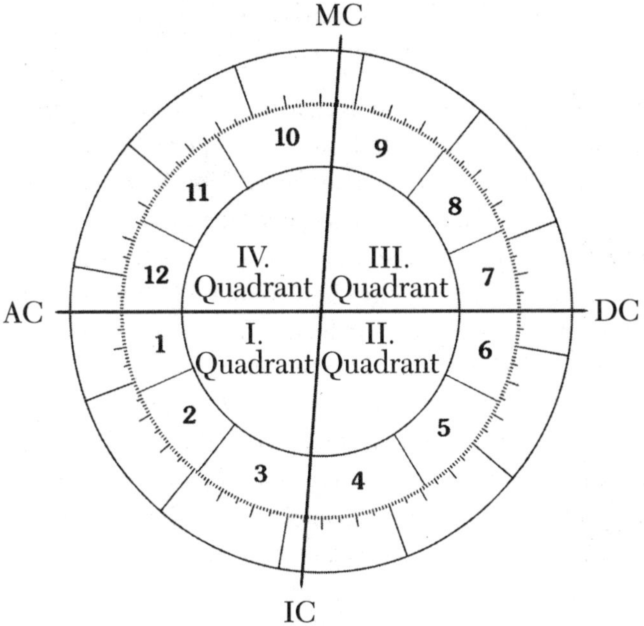

Abb. 3: »Die Horoskopachsen und die vier Quadranten«

nau gegenüber. Die Horoskopachsen unterteilen das Horoskop in vier Quadranten (siehe »Die Quadranten« auf S. 146)

Obwohl die Horizontachse stets im rechten Winkel (90 Grad) zum Zenit (Himmelsmitte) steht, werden Sie beim Blick auf Ihr Horoskop vielleicht bemerken, dass zwischen der AC/DC-Achse und der MC/IC-Achse kein exakter Winkel von 90 Grad besteht. Dies liegt daran, dass die räumlichen Verhältnisse des Geburtsortes auf die Ekliptik (die Ebene der zwölf Tierkreiszeichen) übertragen werden müssen, damit sie in unsere Horoskopzeichnung eingetragen werden können. Dadurch entsteht eine perspektivische Verzerrung, die sich in einer »Schiefstellung« der Achsen niederschlägt.

Zur Berechnung der Häuser gibt es verschiedene so genannte Häusersysteme, die im Laufe der Zeit entwickelt worden sind. Am bekanntesten und gebräuchlichsten sind das Häusersystem des Placidus sowie das Geburtsorthäusersystem (GOH), kurz Koch-Häusersystem genannt, dessen Entstehung auf die beiden Astrologen Specht und Zanziger zurückgeht. Es gibt jedoch noch eine Vielzahl anderer Häusersysteme, auf deren Erwähnung hier aus Gründen der Übersichtlichkeit verzichtet werden soll, mit der Ausnahme des so genannten Äqualen Häusersystems, das auch bei hohen nördlichen und südlichen Breitengraden sinnvoll angewandt werden kann.

Bei allen Häusersystemen bildet der AC die Spitze des 1. Hauses und der DC die Spitze des 7. Hauses. Der MC bildet die Spitze des 10. Hauses und der IC die Spitze des 4. Hauses, mit Ausnahme des Äqualen Häusersystems, bei dem die Häuser ab dem AC in jeweils 30 Grad große Abschnitte unterteilt werden, wodurch MC und IC meist nicht mit der Spitze des 10. bzw. 4. Hauses zusammenfallen.

Bei den verschiedenen Häusersystemen geht es also lediglich um die Frage, wie der Raum zwischen den Horoskopachsen zu unterteilen ist. Die Unterschiede zwischen den einzelnen Häusersystemen beruhen auf verschiedenen Betrachtungsweisen der Himmelsbewegungen, die zu erklären hier zu weit führen würde. Neben Placidus und Koch (GOH) gibt es noch eine Vielzahl weiterer Häusersysteme, die unterschiedlich stark verbreitet sind.

Die Zwischenhäuserspitzen der verschiedenen Häusersysteme weichen zum Teil deutlich voneinander ab (bis zu 20 Grad), was die Häuserpositionen der Planeten erheblich verändern kann und zu Diskussionen und Spekulationen Anlass gibt, aber auch viel Verwirrung stiftet.

Eine Befragung deutscher Astrologen hat vor einigen Jahren ergeben, dass die Mehrzahl mit dem Häusersystem nach Placidus arbeitet, jedoch auch die Koch-Häuser (GOH) gebräuchlich sind und nicht selten beide Systeme wahlweise oder parallel angewendet werden. Ich empfehle Ihnen, zunächst mit beiden Systemen zu arbeiten und sich dann aufgrund Ihrer Erfahrungen entweder für ein System zu entscheiden oder stets beide zu verwenden. Sie werden sich dabei in der Kunst des Sowohl-als-auch üben können, wenn beispielsweise ein Planet sowohl im 8. Haus (GOH) als auch im 9. Haus (Placidus) steht.

Die Deutung der Horoskopachsen

Der Aszendent

Der Aszendent gleicht einem Tor, das die inneren Anliegen eines Menschen passieren müssen, um sich nach außen hin ausdrücken zu können. Dieses Tor entspricht unserem Körper und unserer äußeren Erscheinung. Es bestimmt unser Auftreten und unser Spontanverhalten. Meist dauert es lange, bis wir uns unserer Wirkung auf andere Menschen bewusst werden und erkennen, dass wir ein anderes Bild von uns haben als das, was bei anderen Menschen ankommt und von ihnen wahrgenommen wird. Wenn wir uns unverstanden fühlen, dann entspricht unser Ausdruck meist nicht dem, was wir eigentlich meinen und vermitteln wollen.

Astrologisch gesehen drückt sich darin ein Konflikt zwischen Sonne (wer wir sind) und Aszendent (was wir davon ausdrücken) aus. Dieser Konflikt ist dann besonders stark, wenn Sonne und Aszendent in verschiedenen Tierkreiszeichen liegen, was immer dann der Fall ist, wenn wir nicht gerade ungefähr zu Sonnenaufgang geboren wurden.

Der Aszendent wird oft mit einer Maske verglichen, die wir tragen und hinter der sich unser wahres Wesen verbergen soll.

Wir sollten uns jedoch vergegenwärtigen, dass wir diese Maske mit Haut und Haaren sind und uns ihrer nicht entledigen können. Mit unserem Aszendenten müssen wir zu leben lernen, denn wir können nicht aus unserer Haut fahren, auch dann nicht, wenn wir sehr wütend sind.

Natürlich können wir unsere äußere Erscheinung durch Kleidung, Haartracht und Kosmetik selbst gestalten – manchmal auch verunstalten – und dadurch unsere Wirkung auf andere beeinflussen, der Aszendent beschreibt jedoch unsere diesbezüglichen Vorlieben und Abneigungen.

Unser Spontanverhalten, das ebenfalls durch den Aszendenten charakterisiert wird, können wir allerdings kaum ändern. Versuchen Sie einmal, Ihre typische Art zu gehen etwas zu verändern, indem Sie zum Beispiel größere Schritte machen als sonst. Sobald Sie nicht mehr daran denken, werden Sie feststellen, dass Sie wieder in Ihr altes Gehmuster zurückgefallen sind.

Übungen zum Aszendenten:

Betrachten Sie einmal in Ruhe einige Fotos von sich oder noch besser eine Videoaufnahme. Was sehen Sie? Wie wirken Sie auf diesen Aufnahmen? Was ist typisch für Ihr Auftreten und den äußeren Eindruck, den Sie erwecken? Welche Aufnahmen gefallen Ihnen, welche nicht? Aus welchen Gründen?

Eine andere Übung besteht darin, dass Sie sich Ihr Verhalten in ungewohnten oder gänzlich unbekannten Situationen einmal näher bewusst machen. Wie verhalten Sie sich, wenn Sie auf eine Gruppe mit lauter Ihnen unbekannten Menschen treffen? Wie haben Sie sich auf Ihrer ersten Flugzeugreise verhalten? Wie reagieren Sie, wenn Sie sich von vielen Menschen beobachtet fühlen, eine Rede halten müssen etc.?

Der Deszendent

Der Deszendent beschreibt alles, was wir nicht sind, womit wir uns nicht identifizieren können und wozu wir nicht »ich«, sondern »du« sagen. Am Deszendenten begegnet uns die Außenwelt, die uns innerlich ergänzt. Im Grunde genommen begegnen wir am Deszendenten uns selbst in anderen Menschen und der Welt. Deshalb wird in Zusammenhang mit dem Deszendenten oft von Projektionen gesprochen. Dies ist nur bedingt richtig. Zwar beschreibt der Deszendent häufig das, was wir in anderen Menschen suchen oder an ihnen ablehnen. Um Projektionen handelt es sich jedoch nur dann, wenn wir nicht erkennen, dass es sich dabei um Teile unseres Wesens handelt, die wir durch die Begegnung mit anderen kennen lernen.

Die Tatsache, dass es einen Deszendenten im Horoskop gibt, ist ein Hinweis darauf, dass wir erst durch die Begegnung mit anderen vollständig wir selbst werden können. Bestimmte Aspekte von uns selbst können wir nur dann kennen lernen, wenn wir sie durch andere gespiegelt bekommen. Diese Spiegelung passiert am Deszendenten. Daher beschreibt der Deszendent das, was uns in der Begegnung mit allem, was wir nicht sind, anzieht, weil es zu uns gehört, uns ergänzt und vollständig werden lässt.

Übung zum Deszendenten:
Denken Sie einmal darüber nach, ob es bestimmte typische Dinge oder Erfahrungen gibt, die Ihnen immer wieder in der Außenwelt und durch andere Menschen begegnen, und bei denen es Ihnen schwer fällt, zu erkennen, was das mit Ihnen zu tun hat.

Was würde sich zum Beispiel in Ihrem Leben verändern, wenn Sie Ihrem Partner oder Ihrem Arbeitskollegen nicht vorwerfen, »Du bist aggressiv!«, sondern sich innerlich sagen: »Dadurch, dass ich dich aggressiv mache, komme ich mit meinen eigenen Aggressionen in Kontakt.« (Eine sehr heilsame Erfahrung insbesondere für Widder-Deszendenten.) Wenn Ihr Partner oder Arbeitskollege zu den seltenen Spezies zählen sollte, die ein grundsätzlich aggressives Wesen haben und ständig Streit suchen, hilft Ihnen diese Übung natürlich nicht weiter.

Das Medium Coeli (MC)

Am MC finden wir unsere Berufung symbolisch abgebildet. Der höchste Punkt im Horoskop steht gleichsam für den Lebenshöhepunkt, nach dem wir streben. Am MC wollen wir das verwirklichen, wozu wir uns innerlich berufen fühlen und was wir in der Gesellschaft, in der Öffentlichkeit ausdrücken möchten. Diese Berufung weist über uns selbst hinaus, sie ist ein Teil unserer sozialen Verantwortung, die uns unseren Platz im Leben finden und einnehmen lässt. Am MC treffen unsere persönlichen Interessen auf kollektive Notwendigkeiten und verlangen nach einer sinnvollen Einbindung in das soziale Ganze, in die Kultur und Gesellschaft, in der wir leben.

Über den MC definieren wir unser Verhältnis zu den Regeln und Institutionen des öffentlichen Lebens. Dieser Punkt fordert uns dazu auf, für unsere Anliegen und Ziele so einzustehen, dass wir sie verantworten können und sie auch für andere Menschen nützlich werden. Hier reiben wir uns mit äußeren Autoritäten, angefangen bei demjenigen Elternteil, der diese für uns verkörpert, bis hin zu staatlichen Autoritäten sowie Arbeit- und Gesetzgebern.

Am MC werden wir als Privatperson zu einer Person des öffentlichen Lebens. Über ihn definieren wir unseren sozialen Status und unseren Stellenwert innerhalb der Gesellschaft. Hier erringen wir Titel und Diplome, um die entsprechende soziale Anerkennung zu finden und Karriere zu machen.

Übung zum MC:
Begeben Sie sich auf den höchsten Punkt der Stadt oder des Ortes, an dem Sie wohnen. Betrachten Sie eine Zeit lang Ihren Lebensmittelpunkt aus dieser Perspektive. Denken Sie darüber nach, was Sie in Ihrem Leben bereits alles erreicht haben. Sind Sie mit Ihrem gegenwärtigen Status zufrieden? Tragen Sie im öffentlichen Leben Verantwortung? Für welche Ihrer Ziele stehen Sie öffentlich ein? Was möchten Sie gerne zu der Welt, die Sie gerade unter sich liegen sehen, noch beitragen? Wozu fühlen Sie sich berufen? Beenden Sie diese Übung bitte nicht dadurch, dass Sie sich nun vom höchsten Punkt hinunterstürzen, sondern gehen Sie den gleichen Weg nach Hause zurück, auf dem Sie hergekommen sind, und setzen Sie das um, was Ihnen als innere Berufung begegnet ist.

Das Immum Coeli (IC)

Am IC finden wir den Wurzelboden unserer Herkunft. Er entspricht dem Schoß, dem wir entsprungen sind, sowie unserer Familie und der Heimat, in die wir hineingeboren wurden. Der IC ist der Punkt unserer tiefsten Verwurzelung. Er bildet die Basis für unser Leben in dieser Welt. Im esoterischen Sinne ist er die Pforte, durch die wir mit unserer Seele ins Leben ein- und wieder austreten. Er beschreibt den tiefsten Punkt in unserem Horoskop, an dem alles beginnt und wieder endet.

Der IC beschreibt auch das Milieu unseres Elternhauses und der Umgebung, in der wir aufgewachsen sind. Es ist der Ort unserer Kindheit, wo wir die frühesten, oft prägenden Erfahrungen gemacht haben. Am IC finden wir Schutz und Geborgenheit und die Basis, aufgrund derer wir unser Leben aufbauen können. Er verkörpert denjenigen Elternteil, der uns diese Erfahrungen primär vermittelt hat.

Entsprechend dem IC suchen wir auch unser Zuhause, den

Ort, an dem wir wohnen. Neben der Mondstellung sagt der IC viel über die Art und Weise aus, wie wir unser Zuhause gestalten und einrichten. Er ist der Punkt, wo wir uns niederlassen, um uns erneut zu verwurzeln, nachdem wir das Elternhaus verlassen haben.

Übung zum IC:
Versuchen Sie möglichst viel über Ihre Herkunft zu erfahren. Wer waren Ihre Vorfahren, und was haben sie gemacht? Welchen Einfluss haben sie auf Ihr Leben gehabt? Suchen Sie Fotografien aus Ihrer Kindheit hervor. Wo sind Sie aufgewachsen, in welcher Umgebung und in welcher Atmosphäre? Denken Sie einmal darüber nach, was Heimat für Sie bedeutet. Wo fühlen Sie sich heute verwurzelt und zu Hause?

Die Quadranten

Die vier Quadranten entstehen durch das Einzeichnen der AC/DC- und MC/IC-Achse in den Horoskopkreis. Da durch die AC/DC-Achse das Horoskop in eine oberhalb der AC/DC-Achse liegende Taghälfte und eine unterhalb dieser Achse liegende Nachthälfte unterteilt wird, befinden sich der I. und II. Quadrant in der dem Unbewussten zugeordneten Nachthälfte, der III. und IV. Quadrant in der dem Bewussten zugeordneten Taghälfte. Durch die MC/IC-Achse wird das Horoskop in einen Ich-Bereich links der MC/IC-Achse und einen Du-Bereich rechts dieser Achse geteilt. Der I. und IV. Quadrant fallen daher in den Ich-Bereich, der II. und III. Quadrant in den Du-Bereich des Horoskops. Die Abbildung auf S. 147 verdeutlicht diese Zusammenhänge nochmals anschaulich.

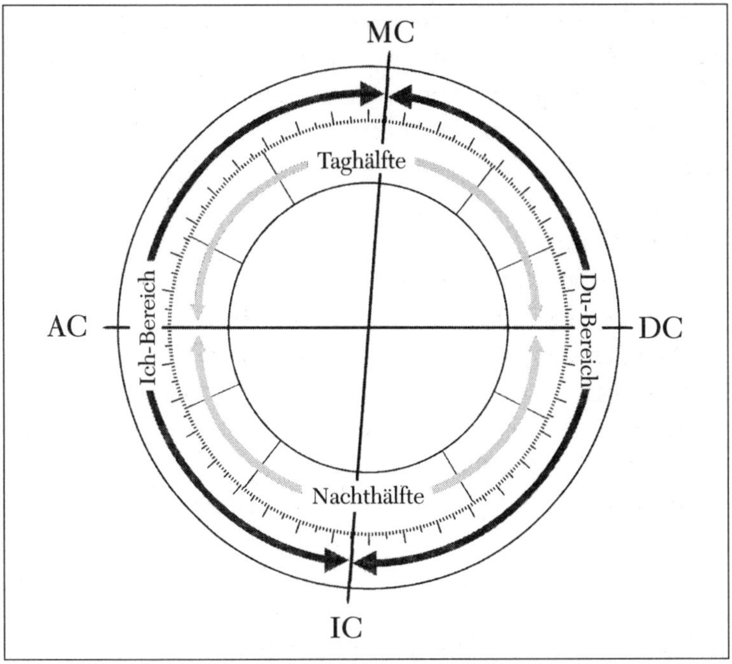

Abb. 4: »Tag- und Nachthälfte sowie Ich- und Du-Bereich im Horoskop«

Die Deutung der Quadrantenbesetzung im Horoskop

Der I. Quadrant

Eine Betonung des I. Quadranten, aufgrund einer Konzentration von Planeten in diesem Bereich, führt zu einer starken Auseinandersetzung mit der individuellen Eigenart und zu einem steten Bemühen um individuellen Selbstausdruck. Wir drehen uns dabei vorwiegend um uns selbst und beschäftigen uns mit der Entwicklung unserer Anlagen primär aus einer subjektiven Perspektive heraus.

Planeten im I. Quadranten des Horoskops wollen so zum Ausdruck kommen, wie wir sie selbst erleben und erfahren, und sich nicht mit persönlichen Ansprüchen anderer belasten oder gesellschaftlichen Anforderungen genügen. Im I. Quadranten können wir relativ unbelastet wir selbst sein und unsere Anliegen ohne eine Reflexion von außen – und somit relativ unbewusst – zur Verwirklichung bringen. In diesem Bereich des Horoskops genügen wir uns selbst und sind somit autonom und unabhängig.

Der II. Quadrant

Eine Konzentration von Planeten im II. Quadranten verlangt nach einer Auseinandersetzung zwischen seelischen Eigen- und Fremdinteressen. Die Begegnung mit dem Du erfolgt dabei auf einer inneren und persönlich geprägten Ebene und bereichert unseren instinktiven Selbstausdruck um die Erfahrungen mit dem Innenleben anderer.

Planeten im II. Quadranten des Horoskops suchen den Kontakt zu anderen, um seelisch gespiegelt zu werden und die daraus resultierenden Erlebnisse ins eigene Unbewusste aufzunehmen und dort seelisch zu verarbeiten. In gewisser Weise leben wir im II. Quadranten trotz der Begegnungen mit anderen immer noch sehr »privat«, da uns die aus diesen Begegnungen resultierenden Folgen erst im III. Quadranten auf einer geistigen Ebene bewusst werden.

Der III. Quadrant

Ist der III. Quadrant betont, dann streben wir nach einer bewussten geistigen Auseinandersetzung mit anderen und der Außenwelt. Die Erfahrungen, die aus diesen Auseinandersetzungen resultieren, verändern und transformieren den individuellen Ausdruck von Planeten im III. Quadranten.

In diesem Bereich des Horoskops reagieren wir bewusst auf Bewertungen durch andere und reflektieren unsere Eigenperson in Bezug auf die Kriterien, die über andere vermittelt werden. Im III. Quadranten schließen wir ganz bewusst Kompromisse zwischen Fremd- und Eigeninteressen und ziehen persönliche Konsequenzen aus unseren Erfahrungen, die wir mit anderen machen.

Der IV. Quadrant

Bei einer Betonung des IV. Quadranten ist unser persönlicher Selbstausdruck eng mit dem Milieu der Gesellschaft verbunden, in der wir leben. In diesem Bereich des Horoskops streben wir innerhalb gesellschaftlicher Strukturen und Rahmenbedingungen nach einer individuellen Verwirklichung unserer Anliegen.

Planeten im IV. Quadranten unterliegen dem Zeitgeist und kommen nur dann zur Entfaltung, wenn die Umsetzung persönlicher Belange auch kollektiven Interessen dient und durch die Übernahme von persönlicher Verantwortung innerhalb eines größeren Bezugsrahmens verwirklicht wird. Im IV. Quadranten kommen wir nur dann auf unsere Kosten, wenn wir unsere Eigenperson »ver-öffentlichen«, d. h. mit dem, was uns ausmacht, an die Öffentlichkeit gehen, in der Hoffnung, dass wir dort mit dem gebraucht werden, was wir zu bieten haben.

Die Deutung der Häuser

Über die Häuser kommt eine neue Deutungsebene ins Spiel, die sich deutlich von der Ebene der Planeten und Tierkreiszeichen unterscheidet und eine weitere Differenzierung der vier Quaaranten darstellt. Dieser Unterschied lässt sich durch folgendes Bild veranschaulichen:

Wenn die Planeten Schauspielern entsprechen, die eine bestimmte Rolle zu verwirklichen haben, dann entsprechen die Tierkreiszeichen, in denen sie jeweils stehen, der Ausstattung, den Requisiten und den Kostümen, die sie dafür zur Verfügung haben. Die Aspekte der Planeten untereinander beschreiben die Art ihrer Verbindungen zueinander, ob sie sich z. B. mögen, unterstützen, sich eher im Wege stehen oder gar nichts miteinander anfangen können. Die Häuser beschreiben die unterschiedlichen Bühnen, auf denen die Planeten auftreten. Um im Bild dieser Analogie zu bleiben, haben wir also ein Theater mit zwölf verschiedenen Bühnen vor uns, auf denen das gesamte Stück gespielt wird. Manche Bühnen bleiben die meiste Zeit leer, auf anderen Bühnen ist besonders viel los. Dies entspricht jeweils der Verteilung der Planeten in den verschiedenen Häusern.

Bei der Deutung der Häuser geht es primär um die Frage, wo sich eine bestimmte Planetenenergie verwirklichen möchte. Die Häuser entsprechen dabei den verschiedenen Bereichen unseres Lebensalltags. Im Folgenden werden die jeweiligen Lebensbereiche der zwölf Häuser ausführlich beschrieben und durch Übungen ergänzt, damit Sie anschließend eigenständige Deutungsübungen zu Planetenstellungen in den einzelnen Häusern machen können.

Erstes Haus

Da die Spitze des ersten Hauses unserem Aszendenten entspricht, wird es in erster Linie durch diesen geprägt. Darüber hinaus befinden sich sämtliche Planeten, die in unserem ersten Haus stehen, wie in einem Schaufenster. Sie sind für andere gut zu sehen. Wir tragen sie offen mit uns herum, ohne uns dessen immer bewusst zu sein. Sie sind Teil unseres Selbstausdrucks und können die Entfaltung des Aszendenten färben und verändern.

Fragen zur Erforschung des ersten Hauses:

- Wie reagiere ich spontan in oder auf Situationen, die mir nicht vertraut sind?
- Was bedeutet mir meine äußere Erscheinung?
- Was ist typisch für mein Auftreten?

Übung zum ersten Haus:
Diese Übung können Sie als Ergänzung zur Aszendenten-Übung machen. Wählen Sie sich für diese Übung einen Tag, an dem Sie in Ruhe ausschlafen können und an dem Sie frei haben. Bleiben Sie nach dem ersten Aufwachen noch eine Weile liegen. Was ist heute Ihr erster bewusster Gedanke?

Genießen Sie den Zustand zwischen Schlafen und Wachsein. Was geht Ihnen dabei alles durch den Kopf? Welche Bilder aus Ihren Träumen sind noch da? Mit welcher Stimmung gehen Sie in diesen Tag? Schmieden Sie gleich Pläne, oder lassen Sie es ruhig angehen?

Stehen Sie auf, sobald Sie sich richtig wach fühlen. Gehen Sie ins Bad, und betrachten Sie sich ausführlich im Spiegel. Wen sehen Sie? Was sehen Sie? Welche Urteile haben Sie über Ihr Aussehen? Was gefällt Ihnen, was nicht?

Widmen Sie sich anschließend ausgiebig der Pflege Ihres Körpers. Falls Sie Lust dazu haben, tun Sie sich etwas Gutes, z. B. eine kleine Gesichts- oder Fußmassage. Wie fühlt es sich an, den eigenen Körper zu berühren?

Beenden Sie Ihre Körperpflege mit dem typischen Styling, mit dem Sie sich auch sonst zurechtmachen. Welche Aspekte

Ihres Aussehens betonen Sie, welche werden »zugedeckt«? Was ändert sich durch das Styling? Fühlen Sie sich anschließend besser?

Gehen Sie zu Ihrem Kleiderschrank und probieren Sie Ihre verschiedenen Garderoben an. Wie kleiden Sie sich gerne? Haben Sie genau das zum Anziehen, was Ihnen wirklich gefällt? Welche Kleidungsstücke tragen Sie öfters, welche selten? Was verstecken Sie unter Ihrer Kleidung, was zeigen Sie? Legen Sie großen Wert auf Ihr Aussehen? Wie viel Prozent Ihres Einkommens geben Sie dafür aus?

Gehen Sie anschließend in ein Café, das Sie noch nicht kennen. Wie verhalten Sie sich in neuen, ungewohnten Situationen? Wie reagieren Sie, wenn Sie sich ein bisschen unsicher fühlen? Wie reagieren andere auf Ihr Aussehen? Wodurch fallen Sie auf?

Schließen Sie Ihre Übung ab, indem Sie sich vorstellen, Sie könnten sich selbst dabei beobachten, wie Sie in dem Café sitzen und etwas trinken. Wen sehen Sie, was sehen Sie?

Gönnen Sie sich zur Belohnung ein gutes Frühstück.

Zweites Haus

Die Bühne des zweiten Hauses dient der Sicherung unserer Existenz. Hier schaffen wir die Werte, auf die wir bauen können. Daher zeigt das zweite Haus auch unser Verhältnis zu Geld und Besitz an. In einem weiteren Sinne definieren wir über das zweite Haus auch unseren Eigenwert. In unserer Kultur ist der Eigenwert oft mit dem Einkommen verknüpft, das wir erzielen. Wer Geld hat, der ist wer.

Eine typische Erfahrung des zweiten Hauses besteht darin, den Wert unserer Arbeit oder einer Sache definieren zu müssen. Wenn Sie sich beispielsweise als beratender Astrologe überlegen, was eine Beratung bei Ihnen kosten soll und was Sie dafür anbieten, dann stellt dies einen Prozess dar, der dem zweiten Haus zuzuordnen ist.

Im zweiten Haus stecken wir auch unser eigenes Revier ab, indem wir festlegen, was uns gehört und was wir für uns beanspruchen. Es ist daher eine Angelegenheit des zweiten Hauses, inwieweit es uns gelingt, uns in dieser Welt ein eigenes Territorium zu schaffen.

Fragen zur Erforschung des zweiten Hauses:

- Was gibt mir Sicherheit?
- Wie ist mein Verhältnis zu Geld und Besitz?
- Wie erziele ich mein Einkommen?
- Was ist mir etwas wert?
- Wie sichere ich mein Revier, mein eigenes Territorium?
- Wo bin ich bereit, etwas zu investieren?

Übung zum zweiten Haus:
Erstellen Sie eine Bilanz aller finanziellen Einnahmen, die Sie im Laufe eines Jahres erzielen. Erstellen Sie dann eine Liste aller Ausgaben, die Sie im Laufe eines Jahres tätigen. Wofür geben Sie Ihr Geld aus? Was ist Ihnen etwas wert? Wie sicher ist Ihre finanzielle Lebensgrundlage? Leben Sie eher über Ihre Verhältnisse, oder sind Sie besonders sparsam? Welche Verluste erleiden Sie? Wofür geben Sie Ihr Geld besonders leicht aus?

Drittes Haus

Auf der Bühne des dritten Hauses treten wir in Kontakt und Austausch mit unserer unmittelbaren Umgebung. Hier teilen wir uns mit und sind neugierig auf das, was um uns herum vorgeht. Wenn wir Zeitung lesen, Nachrichten hören, telefonieren oder mit der Nachbarin ein Schwätzchen halten, dann bewegen wir uns auf der Bühne des dritten Hauses.

Da das dritte Haus unserem Nahbereich und der unmittelbaren Umgebung, in der wir uns bewegen, entspricht, beschreibt es auch unser Verhältnis zu den Menschen, mit denen wir uns im täglichen Austausch und Kontakt befinden. Angefangen beim Postboten, über die Verkäuferin im Supermarkt bis hin zur Bedienung im Café und allen weiteren kurzen Begegnungen im Laufe eines Tages machen wir Erfahrungen, die dem dritten Haus im Horoskop zuzuordnen sind.

In einem weiteren Sinne zählen auch Geschwister zum dritten Haus, da wir mit ihnen meist unsere ersten Erfahrungen in unserem »Nahbereich« machen, lange bevor wir uns in die Welt hinausbewegen.

Fragen zur Erforschung des dritten Hauses:

- Welches Verhältnis habe ich zu meiner unmittelbaren Umgebung?
- Wo fällt es mir leicht, mich mitzuteilen und mit anderen auszutauschen?
- Wie trete ich in Kontakt zu den Menschen in meiner Umgebung?
- Welche Beziehung habe ich zu meinen Geschwistern?
- Mit wem halte ich gerne ein Schwätzchen?
- Wie nehme ich an dem teil, was um mich herum passiert?
- Wie befriedige ich mein Informationsbedürfnis?

Übung zum dritten Haus:
Setzen Sie sich in ein gut besuchtes Café, und beobachten Sie, was um Sie herum alles passiert. Wie reagieren Sie auf die Atmosphäre um sich herum? Ist es Ihnen zu laut? Werden Sie

von den Eindrücken angeregt, oder wird es Ihnen nach kurzer Zeit zu viel? Sind Sie neugierig auf andere Menschen? Wenn Sie Lust haben, beginnen Sie ein kleines Gespräch mit Ihrem Tischnachbarn, oder lesen Sie Zeitung. Vielleicht treffen Sie auch jemanden, den Sie kennen. Fällt es Ihnen leicht, in Kontakt zu treten? Haben Sie Lust auf ein kleines Schwätzchen, oder ist Ihnen ein solcher Kontakt zu oberflächlich? Reden Sie gerne selbst, oder hören Sie lieber zu?

Viertes Haus

Da der IC die Spitze des vierten Hauses markiert (mit Ausnahme des Äqualen Häusersystems, s. o.), wird dieser Lebensbereich durch die bereits beschriebenen Themen des IC geprägt. Planeten im vierten Haus können jedoch unser Verhältnis zur Familie und unserer Herkunft in Abweichung vom IC färben und verändern.

Fragen zur Erforschung des vierten Hauses:

- Wo bin ich verwurzelt?
- Wo fühle ich mich zuhause?
- Welches Verhältnis habe ich zu meiner Familie, zu meiner Herkunft?

Übung zum vierten Haus:
In Ergänzung zur bereits beschriebenen Übung zum IC (siehe S. 146) können Sie noch die folgende Übung machen:

Denken Sie einmal darüber nach, wo Sie in Ihrem Leben schon überall gewohnt haben. Wie oft sind Sie umgezogen? Aus welchen Gründen? Wo wohnen Sie jetzt? Gefällt Ihnen Ihre Wohnung? Haben Sie das Gefühl, an dem Ort verwurzelt zu sein, an dem Sie jetzt leben?

Fünftes Haus

Im Lebensbereich des fünften Hauses sind wir mit unserem schöpferischen Selbstausdruck beschäftigt. Hier werden wir kreativ und zeigen, was wir zu bieten haben. Wir erschaffen uns neu und probieren aus, welche Möglichkeiten in uns stecken.

Auf der Bühne des fünften Hauses wollen wir Spaß haben und auf spielerische Weise wir selbst sein können. Hier gehen wir das Risiko ein, unsere individuellen und einmaligen Seiten zu zeigen. Dies gilt insbesondere für den Bereich unserer Lust und Sexualität, deren spielerischer und kreativer Aspekt dem fünften Haus zuzuordnen ist. Hier flirten wir, machen Eroberungen und genießen das Spiel mit der Liebe.

Auch Kinder sind dem fünften Haus zugeordnet, da sie einerseits das Produkt schöpferischer Liebe und Sexualität sein können, andererseits jedoch auch eine Verlagerung unseres kreativen Selbstausdrucks darstellen. Über unsere Kinder bleiben wir in Kontakt mit den spielerischen und lebendigen Seiten in uns selbst, und sie fordern uns immer wieder dazu auf, kreativ mit den Herausforderungen ihres Aufwachsens umzugehen.

Fragen zur Erforschung des fünften Hauses:

- Wo und wie kann ich mich kreativ ausdrücken?
- Was macht mir Spaß und Lust?
- Was unternehme ich, um mich zu amüsieren?
- Wo kann ich spielerisch sein?
- Wann riskiere ich es, mich zu zeigen?
- Wo und wie kann ich Kind sein?
- Wie ist mein Verhältnis zu Kindern?
- Wie gehe ich mit den spielerischen und kreativen Seiten der Liebe um?

Übung zum fünften Haus:
Verbringen Sie einen sonnigen Nachmittag auf einem Kinder- oder Abenteuerspielplatz, oder besuchen Sie einen Kindergeburtstag. Schauen Sie einfach den Kindern bei ihrem bunten Treiben zu. Welche Seiten werden dadurch in Ihnen geweckt? Wie ist es um Ihre Lust, zu spielen und Spaß zu haben, bestellt? Sind Sie in Kontakt mit Ihrer eigenen Lebendigkeit und Spontaneität?

Sechstes Haus

Im Bereich des sechsten Hauses organisieren wir unseren Lebensalltag, damit wir alle anstehenden Arbeiten und Pflichten erledigen können. Hier geben wir unserem Leben einen bestimmten Rhythmus und treffen Entscheidungen darüber, wann und wie lange wir arbeiten, Pausen machen oder schlafen.

Wenn unser innerer Lebensrhythmus nicht mit unserem Alltagsrhythmus übereinstimmt, macht uns dies auf Dauer krank. Deshalb finden wir im sechsten Haus alle Arten von Krankheiten, die damit in Zusammenhang stehen, insbesondere chronische und langwierige Erkrankungen. Um gesund leben zu können, brauchen wir im sechsten Haus einen Lebensrhythmus, der uns entspricht, mit ausreichend Zeit für Erholung und Regeneration, mit Ernährungsgewohnheiten, die unseren körperlichen Rhythmen und Zyklen entsprechen, und einem Arbeitsalltag, den wir ohne Stress bewältigen können.

Das sechste Haus hat viel mit Routine zu tun. Damit unser Lebensalltag funktioniert, sind wir auf die routinemäßige Erledigung ständig wiederkehrender Arbeiten angewiesen. Im sechsten Haus bemühen wir uns darum, diese Routineangelegenheiten möglichst effektiv zu bewältigen. Dieses Haus hat daher auch einen starken Bezug zu unserem Arbeits- und Berufsalltag, und es beschreibt unser berufliches Arbeitsverhalten.

Fragen zur Erforschung des sechsten Hauses:

- Wie organisiere ich meinen Alltag?
- Habe ich einen gesunden Lebensrhythmus?
- Wie gehe ich mit Routineangelegenheiten um?
- Fällt es mir leicht, meiner Arbeit nachzugehen?
- Ernähre ich mich so, wie es mir entspricht?
- Welche Einstellung habe ich zu meiner Gesundheit?
- Was tue ich für meine Gesundheit?

Übung zum sechsten Haus:
Nehmen Sie sich Zeit, Ihren Lebensalltag einer gründlichen Analyse zu unterziehen. Halten Sie dabei fest, wie viel Zeit Sie mit welchen Tätigkeiten verbringen, und überprüfen Sie, ob dies Ihren inneren Bedürfnissen wirklich entspricht. Schlafen Sie vielleicht zu wenig, zu lange oder zu unregelmäßig? Lassen Sie sich ausreichend Zeit für die Vorbereitung und Einnahme Ihrer Mahlzeiten, so dass Sie sich einigermaßen gesund ernähren können? Arbeiten Sie zu viel? Versuchen Sie, stets mehrere Arbeiten gleichzeitig zu erledigen? Ziehen Sie anschließend ein Fazit aus Ihrer Analyse, und überlegen Sie, was Sie in Zukunft eventuell an Ihrem Alltagsrhythmus ändern möchten.

Siebtes Haus

Da der DC die Spitze des siebten Hauses markiert, wird dieser Lebensbereich durch die bereits beschriebenen Themen des DC geprägt. Planeten im siebten Haus können jedoch diejenigen Facetten unserer Persönlichkeit, die wir gerne in anderen suchen oder an sie delegieren, färben und verändern. Planeten im siebten Haus begegnen uns in anderen, damit wir sie erkennen und lernen, ihre Qualitäten als zu uns gehörig zu betrachten.

Fragen zur Erforschung des siebten Hauses:

- Welche Themen begegnen mir immer wieder in meinen Beziehungen zu anderen?
- Was finde ich an anderen »unmöglich«?
- Wodurch ergänzen mich andere, was haben sie, das ich nicht habe?
- Welche Facetten meiner selbst bekomme ich von anderen gespiegelt?
- Was suche ich in anderen?
- Wo laufe ich Gefahr, andere für etwas verantwortlich zu machen, statt bei mir selbst zu schauen, was los ist?
- Was delegiere ich gerne an andere?

Übung zum siebten Haus:
In Ergänzung zur bereits beschriebenen Übung zum DC (siehe S. 143) können Sie noch die folgende Übung machen:

Für diese Übung brauchen Sie einen Partner. Dies kann Ihr Lebenspartner sein, ein guter Freund oder einfach jemand, der bereit ist, diese Übung mit Ihnen durchzuführen.

Für diese Übung brauchen Sie etwa eine Stunde Zeit. Setzen Sie sich Ihrem Partner in einem Abstand von ca. zwei Metern bequem gegenüber. Schauen Sie sich nun für eine halbe Stunde lang unentwegt in die Augen, möglichst ohne zu blinzeln. Versuchen Sie »weich« zu schauen, ohne Anstrengung. Achten Sie dabei auf die Bilder, die Ihnen im anderen begegnen. Im Laufe der Übung verändert sich vielleicht sein Gesicht, Sie sehen plötzlich ganz andere Personen im Gesicht des anderen oder sogar ein Tier, ein anderes Wesen etc. Bleiben Sie einfach innerlich achtsam, und lassen Sie die Bilder kommen und gehen. Versuchen Sie den Augenkontakt auch dann zu halten, wenn Ihnen vorübergehend kurz die Augen brennen oder Tränenflüssigkeit austreten sollte. (Sollten Sie ein Augenleiden haben oder eine Brille bzw. Kontaktlinsen tragen, klären Sie bitte zuvor mit Ihrem Augenarzt eventuelle Kontraindikationen ab.) Jedes Augenzwinkern oder kurze Wegschauen kann die »Wirkung« dieser Übung abschwächen.

Sobald die halbe Stunde vorüber ist, behalten Sie den Augenkontakt bei und beginnen Sie mit folgendem Satzanfang Assoziationen zu bilden: »Wenn du mein Partner wärst, dann...« Fügen Sie jeweils diejenige Assoziation an diesen Satzanfang, die Ihnen gerade durch den Kopf geht, und sprechen Sie dann den Satzanfang erneut aus, fügen die nächste Assoziation an usw. Dabei ist es wichtig, möglichst »unzensiert« alles auszusprechen, was Ihnen in den Sinn kommt. Dies können ganz verrückte, witzige und »unmögliche« Gedanken sein, z. B. »Wenn du mein Partner wärst, dann würde ich mit dir Achterbahn fahren, ... dann würde ich deine Topfpflanzen mit Lametta schmücken« oder auch ernsthaftere und verbindlichere Gedanken.

Sobald Ihnen nichts mehr einfällt, lassen Sie Ihren Partner seine Assoziationen bilden, indem er ebenfalls mit dem genannten Satzanfang seine Assoziationen auszusprechen beginnt. Wechseln Sie so lange hin und her, bis weder Ihnen noch Ihrem Partner weitere Assoziationen einfallen, und beenden Sie die Übung dadurch, dass Sie noch eine Weile mit geschlossenen Augen sitzen bleiben und die Bilder und Assoziationen, die aufgetaucht sind, nachwirken lassen. Tauschen Sie sich anschließend mit Ihrem Partner über Ihre Erfahrungen aus.

Achtes Haus

Auf der Bühne des achten Hauses begegnen wir den Konsequenzen und Verbindlichkeiten aus den Beziehungen, die wir im siebten Haus eingegangen sind. Indem wir uns tief auf andere einlassen, werden wir mit der Notwendigkeit konfrontiert, uns zu wandeln und bestimmte Teile von uns »sterben« zu lassen, damit sie in anderer Form neu und anders gelebt werden können. Das achte Haus ist der Schmelztiegel des Horoskops. Hier finden alle wichtigen Wandlungsprozesse statt, und hier werden wir auf einer sehr existenziellen Ebene mit dem Thema Tod konfrontiert.

Im achten Haus leben wir gefährlich und intensiv. Hier gehen wir aufs Ganze und wollen »Alles oder Nichts«. Hier begegnen wir der Sexualität in einer Weise, dass sie uns verändert und transformiert. Das achte Haus hat therapeutische Qualitäten, wenn wir bereit sind, alles Alte, was sich überlebt hat, loszulassen. Da der endgültigste Wandlungsprozess im Leben der Tod ist, werden dem achten Haus auch alle daraus resultierenden Konsequenzen zugeordnet, u. a. Erbschaften und gemeinsamer Besitz.

Planeten im achten Haus sind immer wieder Krisen und Wandlungen unterworfen, die zum Teil mit schmerzhaften Stirb-und-Werde-Prozessen einhergehen können, dafür jedoch Platz für einen immer tieferen und verbindlicheren Ausdruck ihrer Qualitäten schaffen.

Fragen zur Erforschung des achten Hauses:

- Welche Bereiche meines Lebens sind immer wieder krisenhaften Wandlungsprozessen unterworfen?
- Wo muss ich immer wieder »sterben«, um »leben« zu können?
- Wo lebe ich intensiv und gefährlich?
- Wo gehe ich aufs Ganze?
- Was sind meine gemeinsamen Verbindlichkeiten mit anderen?
- Wie gehe ich mit dem Besitz anderer um?

- Was habe ich in meinem Leben alles geerbt?
- Was habe ich bereits verwandelt und transformiert?

Übung zum achten Haus:
Gibt es etwas in Ihrem Leben, woran Sie festhalten, obwohl es sich längst überlebt hat, und wovon Sie sich endgültig lösen möchten? Falls ja, dann gehen Sie mit diesem Thema in die Sauna. Sofern es Ihre Gesundheit zulässt, versuchen Sie sich und diesem Thema richtig »einzuheizen«, damit Sie es gründlich ausschwitzen können. Spüren Sie nach, wo in Ihrem Körper sich dieses Festhalten in Form von Muskelverspannungen eventuell niedergeschlagen hat. Lassen Sie sich eine unterstützende Massage geben. Versuchen Sie den körperlichen Ausscheidungs- und Reinigungsprozess innerlich zu unterstützen, indem Sie sich vorstellen, wie Ihr Leben aussehen wird, wenn Sie sich von Ihrer alten Verhaftung gelöst haben. Dies ist vor allem dann sehr hilfreich, wenn Sie nach dem Saunagang körperlich entspannt und gelöst sind und somit freier denken können.

Erzwingen Sie nichts, sondern lassen Sie sich die Zeit, die es braucht, bis Sie innerlich zu diesem Wandlungsschritt in Ihrem Leben bereit sind. Gehen Sie gegebenfalls regelmäßig in die Sauna, so lange, bis Sie den Schritt in Ihrem Leben vollzogen haben. Achten Sie bei dieser Übung stets auf Ihre Gesundheit, und überfordern Sie sich nicht.

Neuntes Haus

Auf der Bühne des neunten Hauses begegnen wir dem Phönix, der aus der »Asche« des achten Hauses aufsteigt. Hier fragen wir nach dem Sinn aller Mühen, mit denen unser tägliches Leben beladen ist. Hier öffnen wir unseren Blickwinkel für neue Horizonte, die unser Bewusstsein erweitern können.

Im neunten Haus begegnen wir der Welt, indem wir sie aus einer weiten Perspektive anschauen und unsere daraus resultierenden Erkenntnisse zu einer eigenen Weltanschauung werden lassen. Die Bühne des neunten Hauses führt uns auf weite Reisen, im konkreten wie im geistigen Sinne. Hier erheben wir uns über uns selbst und erkennen, worum es im Leben geht und wovon unsere Taten künden sollen. Wir erschließen uns neue Möglichkeiten, indem wir uns innerlich weiten und für neue Erfahrungen öffnen.

Die Tür zum neunten Haus führt in Flugzeuge, Bibliotheken, Theater, Kirchen und all diejenigen Bereiche unseres Lebens, die uns geistig stimulieren und aus den »Niederungen« des Alltags in neue innere und äußere Welten erheben. Hier geben wir dem Schicksal eine Chance, indem wir unsere Verstrickungen erkennen und von einer höheren Warte aus zu lösen versuchen.

Planeten im neunten Haus brauchen immer wieder neue Perspektiven, damit sie sich entfalten und ausdrücken können. Sie führen uns in die Weite und lassen uns Horizonte entdecken, die unserem Leben neuen Sinn geben.

Fragen zur Erforschung des neunten Hauses:

- Wodurch erschließen sich mir neue Horizonte?
- Welche inneren und äußeren Reisen habe ich schon unternommen?
- Was habe ich auf diesen Reisen erlebt, was ist mir begegnet?
- Wodurch bringe ich »Kultur« in mein Leben?
- Wo bin ich »gebildet« und zu philosophischen »Höhenflügen« fähig?
- Bei welchen Themen und Tätigkeiten kann ich »abheben«?

Übung zum neunten Haus:
Unternehmen Sie etwas, das Sie Ihrem Alltag enthebt, geistig anregt und Ihnen neue Horizonte erschließt. Dies kann ein Theaterbesuch, eine Reise, die Lektüre eines Buches etc. sein. Genießen Sie die innere Weite, die dabei entstehen kann, und das Gefühl der Sinnhaftigkeit menschlichen Daseins.

Zehntes Haus

Da der MC die Spitze des zehnten Hauses markiert (mit Ausnahme des Äqualen Häusersystems), wird dieser Lebensbereich durch die bereits beschriebenen Themen des MC geprägt. Planeten im zehnten Haus können jedoch unser Verhältnis zur Gesellschaft und das, was wir als innere Berufung erleben, färben und verändern.

Fragen zur Erforschung des zehnten Hauses:

- Welches Verhältnis habe ich zur Gesellschaft und ihren Institutionen?
- Wie verhalte ich mich gegenüber gesellschaftlichen Autoritäten und »Gesetzeshütern«?
- Wie ist mein persönlicher Status innerhalb der Gesellschaft?
- Was erlebe ich als meine innere Berufung?
- Welche Titel und Diplome habe ich errungen?
- Welches Image habe ich mir zugelegt?
- Wie ist es um meinen Ruf bestellt?
- Welches Verhältnis habe ich zu demjenigen Elternteil, der mich in die Regeln des Lebens eingeführt hat und mir durch Verbote und Vorschriften Grenzen gesetzt hat?

Übung zum zehnten Haus:
In Ergänzung zur bereits beschriebenen Übung zum MC (siehe S. 145) können Sie noch die folgende Übung machen:

Nehmen Sie sich einmal Zeit dafür, Ihr gesellschaftliches Image, das Sie sich zurechtgelegt haben, kritisch zu untersuchen. Welches Bild versuchen Sie zu verkörpern? Wofür stehen Sie öffentlich ein? Welche gesellschaftlichen Rollen spielen Sie, und aus welchen Gründen tun Sie das? Inwieweit entspricht Ihr Image Ihrer inneren Berufung? Welche Facetten Ihres Wesens stehen in Konflikt mit gesellschaftlichen Konventionen?

Elftes Haus

Auf der Bühne des elften Hauses begegnen wir Gleichgesinnten und Menschen, deren Interessen oder Anliegen den unseren entsprechen. Hier schließen wir Freundschaften im Sinne von Wahlverwandtschaften, wobei das verbindende Element geistiger und nicht genetischer (familiärer) Natur ist. Im elften Haus machen wir die zentrale Erfahrung, dass wir mit unseren Problemen nicht alleine sind, und dass es sich lohnt, gemeinsam mit anderen an deren Lösung zu arbeiten. Wir erkennen, dass viele persönliche Probleme durch soziale und gesellschaftliche Faktoren mitbedingt sind, die wir nicht alleine verändern oder lösen können.

Im elften Haus engagieren wir uns für die gesellschaftlichen Probleme, die uns beschäftigen, indem wir in Vereinen und Organisationen mitarbeiten, die unsere Anliegen vertreten. Hier stellen wir unseren persönlichen Ehrgeiz aus dem zehnten Haus zurück, richten den Blick auf übergeordnete Zusammenhänge und versuchen, im Dienst einer Sache oder einer Idee tätig zu werden. Organisationen wie z. B. die UNO sind ein typischer Ausdruck von Anliegen, die dem elften Haus zuzuordnen sind.

Unser Verhalten im Kreis unserer Freunde sowie in Gruppen

wird ebenfalls durch das elfte Haus ausgedrückt. Hier zeigt sich, welche Rollen wir einnehmen, ob wir z. B. Außenseiter, Anführer oder Mitläufer sind und wie wir mit anderen zusammenarbeiten können. Immer wenn wir im Team mit anderen arbeiten, gemeinsam mit Verbündeten um unsere Ziele kämpfen und uns in gesellschaftlichen Gruppierungen engagieren, bewegen wir uns auf der Bühne des elften Hauses.

Planeten im elften Haus suchen die Zusammenarbeit mit Gleichgesinnten und streben über eine persönliche Verwirklichung hinaus auch soziale Ziele an.

Fragen zur Erforschung des elften Hauses:

- In welchen Vereinen, Verbänden und Organisationen arbeite ich aktiv mit? Warum?
- Wer sind meine Freunde? Was verbindet mich mit ihnen?
- Wo arbeite ich mit anderen zusammen, und wie teamfähig bin ich?
- Wie verhalte ich mich in Gruppen?
- Welche gesellschaftlichen Probleme beschäftigen mich besonders und welches Engagement löst dies aus?
- Wie viel meines Einkommens spende ich an Verbände und Organisationen?

Übung zum elften Haus:
Lesen Sie sich einmal die Statuten der Vereine und Verbände durch, in denen Sie Mitglied sind. Inwieweit stimmen Sie mit den darin formulierten Zielen überein? Was tun Sie selbst zur Verwirklichung dieser Ziele? Welche Funktion haben Sie selbst innerhalb der Vereine und Verbände? Wo könnten Sie sich noch stärker als bisher engagieren?

Zwölftes Haus

Die Bühne des zwöften Hauses betreten wir immer dann, wenn wir uns zurückziehen und mit uns alleine sind. Bei vielen Menschen ist dies nur dann der Fall, wenn sie schlafen, da ihr Leben durch dauernden Stress und Hektik bestimmt ist. Im Schlaf erleben wir jedoch die Lebensbühne des zwölften Hauses vorwiegend unbewusst, in unseren Träumen, derer wir uns nur selten bewusst werden.

Neben einem überfüllten Lebensalltag (hier zeigt sich die Opposition zum sechsten Haus) kann uns jedoch auch die Angst vor dem Alleinsein und den dadurch ausgelösten Einsamkeitsgefühlen daran hindern, uns öfters zurückzuziehen, nach innen zu wenden und die Bühne des zwölften Hauses zu betreten. Dort können wir jedoch zu der inneren Ruhe und Zentrierung finden, aus der heraus wir unseren Lebensalltag gelassener und entspannter bewältigen können.

Wir müssen nicht gleich meditieren, um ins zwölfte Haus zu gelangen. Manchmal stellt sich mitten im größten Trubel ein Gefühl innerer Ruhe ein, einem Wirbelsturm ähnlich, in dessen Mitte Stille herrscht. Wir können das zwölfte Haus überall da betreten, wo es uns gelingt, diesen Zustand aufzusuchen und tief im Innersten bei uns selbst zu sein.

Da wir das zwölfte Haus nicht immer freiwillig besuchen, werden ihm auch alle Orte zugeordnet, die uns einen Rückzug gleichermaßen aufzwingen, wie Krankenhäuser, geschlossene Anstalten und Gefängnisse. Es sind die geheimen Feinde in unserem Innern, die uns zu diesen Orten führen, und weniger die verborgenen Feinde im Außen, die lediglich eine Spiegelung der verborgenen Aspekte von uns selbst sind. Daher ist das zwölfte Haus auch der Ort der Heimlichkeiten, wo wir versuchen, im Verborgenen unseren Bedürfnissen und Wünschen nachzugehen, weil wir uns nicht öffentlich zu ihnen bekennen können.

Das zwölfte Haus ist jedoch auch der Ort unserer »religio«, der Rückverbindung mit allem, was ist, wodurch ein starkes Gefühl der Verbundenheit und des Mitgefühls mit der Welt entstehen kann. Im zwölften Haus sind wir daher zu Opfern bereit, die wir als Dienst am Kollektiv verstehen, und für die wir persönliche Bedürfnisse zurückstellen. Die Wirkungen unserer Dienst- und Opferleistungen im zwölften Haus bleiben dabei meist ebenfalls im Verborgenen, wir können sie nicht an die große Glocke hängen, da sie Ausdruck unserer kontemplativen Anteilnahme an der Welt sind.

Planeten im zwölften Haus blühen im Verborgenen. Aber dafür blühen sie dort in einer besonderen Schönheit, die göttlich sein kann.

Fragen zur Erforschung des zwölften Hauses:

- Was begegnet mir, wenn ich mich zurückziehe und mit mir alleine bin?
- Was sind meine bevorzugten Rückzugsorte?
- Wo und wie finde ich zu innerer Stille und Zentrierung?
- Wie gehe ich mit meinen Träumen um?
- In welchen Situationen bin ich abwesend, nicht ganz da?
- Wo sind die Ruhepole in meinem Alltag?

Übung zum zwölften Haus:
Gönnen Sie sich jeden Tag ein paar Minuten der Stille und des Rückzugs. Diese Übung klingt einfach, ist jedoch nur dann wirksam, wenn Sie sie auch machen!

Die Aspekte

Die Aspekte lassen erkennen, wie die Planeten im Horoskop sich untereinander »anblicken«. Dieser Anblick kann erschreckend, herausfordernd und konfliktbeladen sein, wie dies bei den so genannten Spannungsaspekten der Fall ist, oder unterstützend, förderlich und inspirierend, wie bei den so genannten harmonisierenden Aspekten. Es werden in der Astrologie vorwiegend solche Winkelbeziehungen (Aspekte) zwischen Planeten berücksichtigt, die auf einer ganzzahligen Teilung des 360-Grad-Kreises beruhen. Bestimmte astrologische Schulrichtungen wie beispielsweise die Hamburger Schule oder die Kosmobiologie berücksichtigen auch so genannte Halbsummen, die auf Mittelwertsbildungen beruhen (siehe »Halbsummen« auf S. 179). Die Abbildung auf S. 170 zeigt die gebräuchlichsten Aspekte innerhalb des Horoskopkreises.

Die Konjunktion ☌

Bei der Konjunktion, die auf einer Teilung des Kreises durch die Zahl 1 beruht, stehen die beteiligten Planeten direkt nebeneinander. Sie umarmen sich quasi gegenseitig und haben kaum Abstand voneinander. Sie treten daher stets zu mehreren gleichzeitig auf und stellen uns vor das Problem, zu unterscheiden, wer wer ist. Konjunktionsplaneten lassen sich nur schwer auseinander halten, da sich ihr Ausdruck permanent wechselseitig vermischt.

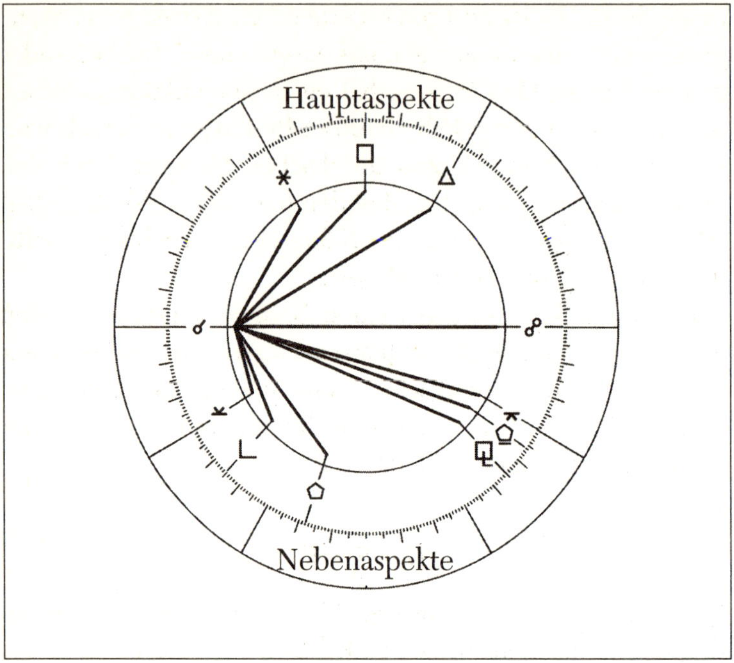

Abb. 5: »Die Aspekte im Horoskopkreis«

Dies hat den Vorteil, dass eine Konjunktion zwischen Planeten ihrem Wesen nach einer perfekten Teamarbeit entspricht, woraus eine enorme Durchschlagskraft entstehen kann, sofern sich die Ausdrucksrichtung der beteiligten Planeten ergänzt und unterstützt. Dies ist beispielsweise bei einer Konjunktion zwischen Sonne und Mars der Fall, wo der Wille, der den Weg weist (Sonne), identisch ist mit dem Tatimpuls und dem Durchsetzungsvermögen (Mars), die beide direkt zum Erreichen des Ziels führen.

Der Nachteil besteht darin, dass bei einer konträren und sich wechselseitig störenden Ausdrucksrichtung der beteiligten Planeten diese zwar im selben Boot sitzen, jedoch jeweils in unterschiedliche Richtungen rudern wollen, so dass sie sich permanent im Kreise drehen und uns entsprechend durcheinander geraten lassen. Dies ist z. B. bei einer Konjunktion zwischen Mond und Uranus der Fall, wo unser Bedürfnis nach seelischer Intimität und Nähe (Mond) im gleichen Moment durch den Drang nach Freiheit, Ungebundensein und Unabhängigkeit (Uranus) gestört wird, was ein Nähe-Distanz-Problem schafft, das seelische Bindungen erschwert.

Die Konjunktion ist daher ein ambivalenter Aspekt, der sich teilweise spannungsgeladen, teilweise harmonisierend und teilweise auch neutral ausdrücken kann. Wie er sich letztendlich äußert, hängt vor allem von den Ausdrucksrichtungen der an der Konjunktion beteiligten Planeten ab.

Das Sextil ⚹

Der Sextilaspekt beruht auf einer Teilung des Kreises durch die Zahl 6 und entspricht einem Winkelabstand von 60 Grad. Sextilplaneten stehen jeweils in Zeichen, deren Elemente sich gegenseitig unterstützen und ergänzen, wie beispielsweise Wasser und Erde oder Luft und Feuer. Das Sextil gilt daher als unterstützender und inspirierender Aspekt.

Sextilplaneten arbeiten vor allem auf einer geistigen Ausdrucksebene gut zusammen. Die Produkte ihrer Zusammenarbeit sind weniger praktischer, dafür umso mehr geistig anregender Natur, was sich oft in originellen Ideen und horizonterweiternden Einsichten niederschlagen kann. Durch den Sextilaspekt zwischen Planeten können wir begreifen, was möglich wäre, wenn… Wir erahnen die Potenz, die sich aus einer Zusammenarbeit zwischen den beteiligten Planeten entfalten könnte, ohne dass wir durch den Sextilaspekt dazu genötigt würden, das Potenzial auch konkret zu verwirklichen.

Der Sextilaspekt gleicht einem guten, anregenden Gespräch

zwischen Freunden, die sich lange kennen und sich gegenseitig anregen können, ohne dass daraus irgendeine Verpflichtung für ein konkretes Handeln entstünde.

Das Quadrat □

Der Quadrataspekt beruht auf einer Teilung des Kreises durch die Zahl 4 und entspricht einem Winkelabstand von 90 Grad. Planeten, die im Quadrat zueinander stehen, befinden sich jeweils im gleichen Kreuz und in zwei unverträglichen Elementen wie beispielsweise Feuer und Wasser oder Erde und Luft (siehe »Elemente und Kreuze«, S. 77).

Planeten im Quadrataspekt kommen sich ständig gegenseitig in die Quere. Sie lassen keine Chance ungenutzt, um einander Schwierigkeiten zu bereiten, und sich das Lebens schwer zu machen. Sie fordern uns dadurch dazu auf, herauszufinden, welche Widersprüchlichkeiten zwischen ihnen bestehen und was an ihrer Ausdrucksrichtung für den jeweils anderen Planeten problematisch und schwierig sein könnte.

Quadrataspekte verlangen nach einer Bewusstheit über das Konfliktpotenzial, das den beteiligten Planeten eigen ist. Sie erfordern eine Auseinandersetzung mit den Unvereinbarkeiten und Unverträglichkeiten der jeweiligen planetaren Ausdruckskräfte. Quadratplaneten sind nicht unter einen Hut zu kriegen, selbst wenn wir täglich einen neuen Hut für sie kaufen. Sie lassen sich nur »quadratisch« leben, was ziemlich viel Reibung verursachen und enorme Energien freisetzen kann. Quadrataspekte sind die Kraftwerke im Horoskop, die uns mit viel Energie versorgen, sich keine Minute lang abschalten lassen und manchmal Kurzschlüsse verursachen können.

Selbst bei einem Quadrat zwischen an sich verträglichen Planetenenergien, wie beispielsweise Mond und Venus, kann sich ein enormes Konfliktpotenzial offenbaren, das in diesem

Fall eine Auseinandersetzung zwischen den mütterlichen und erotischen Seiten unserer inneren Weiblichkeit, auch bei Männern, auslösen kann. Mutter und Geliebte – die nährenden, fürsorglichen und die sexuellen, erotischen Seiten des Weiblichen –, lassen sich nicht ohne weiteres in einer Person vereinbaren. Dies kann bei Frauen dazu führen, dass sie für einen Mann entweder Partnerin oder Geliebte, aber nur sehr schwer beides sein können. Bei Männern wird das Bild der Geliebten nicht dem Bild der Partnerin entsprechen, was nicht selten zu Dreiecksbeziehungen führt, die viel Energie und Reibung verursachen, solange der Konflikt nicht bewusst erkannt und gelebt wird.

Ohne Quadrataspekte im Horoskop verläuft das Leben jedoch ohne große Höhen und Tiefen und ist meist durch eine gewisse Spannungslosigkeit gekennzeichnet, die sich in Form von Langeweile und mangelnder Konfliktbereitschaft niederschlagen kann.

Das Trigon △

Trigone beruhen auf einer Teilung des Kreises durch die Zahl 3 und entsprechen einem Winkelabstand von 120 Grad. Planeten, die ein Trigon zueinander bilden, stehen jeweils in Zeichen, die dem gleichen Element zugeordnet sind.

Die Unterstützung, die wir durch Planeten im Trigonaspekt erfahren, erscheint uns als so selbstverständlich, dass wir sie kaum bewusst wahrnehmen. Es ist, als sei das schon immer so, und wir wundern uns, dass es anderen nicht ebenso ergeht. Bei einem Trigon zwischen Mond und Saturn sagen wir beispielsweise ganz selbstverständlich: »Natürlich nehme ich meine Gefühle und Bedürfnisse ernst«, und wundern uns, wenn andere dies keineswegs selbstverständlich finden oder sogar ihre Schwierigkeiten damit haben.

Trigonaspekte sind wie langjährige Beziehungen, bei denen

jeder den anderen unterstützt. Es besteht jedoch die Gefahr, dass wir die Gelegenheiten und Chancen, die uns Trigonaspekte bieten, aus Faulheit, Bequemlichkeit oder mangelnder Bewusstheit ungenutzt lassen.

Die Opposition ☍

Oppositionen beruhen auf einer Teilung des Kreises durch die Zahl 2 und entsprechen einem Winkelabstand von 180 Grad. Oppositionsplaneten stehen einander direkt gegenüber und bieten damit die Chance zu maximaler Bewusstheit über das, womit sie uns unmittelbar und direkt konfrontieren.

In gewisser Weise befinden sich Oppositionsplaneten in einem Duell miteinander, bei dem es weniger darauf ankommt, welcher der beiden Duellanten schneller zieht oder schießt, sondern darauf, auf welcher Seite wir uns bei diesem Duell befinden. Oppositionsplaneten verleiten dazu, dass wir uns jeweils auf die Seite schlagen, die besser dasteht, die besseren Chancen zu haben scheint und uns die wenigsten Probleme bereitet. Geht dieser Seite die Munition aus (um im Bild des Duells zu bleiben), dann wechseln wir, ohne zu zögern, die Seiten, laufen zum anderen Lager über und bekämpfen aufs Heftigste das, wofür wir uns eben noch vehement eingesetzt haben.

Aus diesen Gründen verführen uns Oppositionen dazu, einen ihrer beiden Pole abzuspalten und diesen nach außen oder auf andere zu projizieren. Es ist, als wollten wir nur die eine Seite der Medaille sehen, obwohl auch deren Kehrseite zu uns gehört. Statt Oppositionsplaneten mit einer Entweder-oder-Haltung zu begegnen, tun wir gut daran, sie mit einer Sowohl-als-auch-Haltung zu behandeln, und uns darum zu bemühen, beide Pole der Oppositionsachse aktiv auszudrücken und zu leben. Wenn wir nicht die ausgewogene Mitte zwischen den unterschiedlichen Ausdruckskräften der beteiligten Planeten finden, schaukeln wir ständig zwischen zwei extremen Polen hin und her und bewegen uns vorwiegend auf schwankendem Boden.

Bei einer Opposition zwischen Mars und Saturn kann es uns beispielsweise passieren, dass wir wild drauflosḥandeln (Mars) und dabei ständig auf Widerstände von außen stoßen (Saturn). Wenn es uns jedoch gelingt, beide Pole zu integrieren, dann können wir im Bewusstsein gegebener Rahmenbedingungen und Grenzen eigenverantwortlich und diszipliniert (Saturn) unsere Ziele verfolgen und uns behaupten und durchsetzen (Mars).

Die bislang beschriebenen Aspekte werden zu den so genannten Hauptaspekten im Horoskop gezählt und am häufigsten bei der Horoskopdeutung angewendet. Quadrate und Oppositionen werden häufig als Spannungsaspekte, Sextile und Trigone als harmonisierende Aspekte bezeichnet. Die Konjunktion kann unterschiedliche Färbungen annehmen, je nach den Ausdrucksrichtungen der an der Konjunktion beteiligten Planeten. Die nachfolgend beschriebenen Aspekte werden meist zu den so genannten Nebenaspekten gerechnet und bei der Horoskopdeutung unterschiedlich stark gewichtet und angewendet.

Der Quinkunx ⚻

Der Quinkunx beruht nicht auf einer ganzzahligen Teilung des Kreises. Er befindet sich auf halber Strecke zwischen dem Trigon und der Opposition und entspricht einem Winkelabstand von 150 Grad.

Quinkunxaspekte kommen einem »Tantalusproblem« (Thomas Ring) gleich und stehen für knapp verpasste Gelegenheiten. Nach einem meist hoffnungsvollen Beginn kommt den Ausdruckskräften der beteiligten Planeten im letzten Moment etwas dazwischen, so dass wir zwar ein gutes Stück vorankommen, das angestrebte Ziel letztendlich aber zu verfehlen drohen.

Quinkunxaspekte zwingen uns daher zu gewissen Anpassungen, um unsere Ziele doch noch zu erreichen.

Bei einem Quinkunx zwischen Merkur und Jupiter können wir uns beispielsweise bei unserem Wunsch, andere mit Worten (Merkur) zu überzeugen (Jupiter), immer wieder gezwungen sehen, unsere Überzeugungen zu hinterfragen und gegebenenfalls zu modifizieren, um unser Ziel zu erreichen, obwohl es uns grundsätzlich nicht an sprachlicher Überzeugungskraft mangelt.

Das Halbsextil ⚺

Das Halbsextil beruht auf der Teilung des Kreises durch die Zahl 12 und entspricht einem Winkelabstand von 30 Grad. Es befindet sich auf halber Strecke zwischen der Konjunktion und dem Sextil.

Halbsextile sind weder Fisch noch Fleisch. Die Ausdruckskräfte der beteiligten Planeten sind einander nicht nahe genug, um sich vereint durchzusetzen, was der Konjunktion entspräche, und haben auch nicht genügend Abstand voneinander, um sich gegenseitig anzuregen und zu unterstützen, was dem Sextil entspräche.

Halbsextile verhalten sich wie zwei Partner, die wenig miteinander anfangen können, da sie sich zwar irgendwie kennen, aber nur wenig gemeinsam haben oder an einer intensiveren Form der Beziehung nicht interessiert sind. Bei einem Halbsextil zwischen Sonne und Saturn z. B. wissen wir zwar, dass wir selbst für den Ausdruck unseres Wesenskerns (Sonne) verantwortlich sind und dafür eine gewisse Selbstdisziplin gut gebrauchen könnten (Saturn), dennoch fehlt es uns an unterstützenden Herausforderungen, eigenverantwortlich (Saturn) wir selbst zu sein (Sonne).

Das Quintil und das Biquintil

Das Quintil beruht auf einer Teilung des Kreises durch die Zahl 5 und entspricht einem Winkelabstand von 72 Grad. Das Biquintil stellt eine Verdoppelung des Quintils dar und entspricht demzufolge einem Winkelabstand von 144 Grad.

Quintile und Biquintile gelten als unterstützende Aspekte, die die Ausdruckskräfte der beteiligten Planeten besonders in künstlerischer Form zur Geltung bringen können. In Goethes Horoskop verbinden sich beispielsweise mehrere Quintile und Biquintile zu einem großen, fünfzackigen Stern, der ein Maßverhältnis zwischen den Planeten ergibt, das dem Goldenen Schnitt entspricht.

Quintile und Biquintile lassen uns die Potenz erahnen, die aus den Ausdruckskräften der beteiligten Planeten etwas Neues entstehen lassen kann. Sie helfen uns, Dinge neu zu sehen und in ein positiveres Licht zu rücken. Aufgrund ihrer feinen Qualität verlangen sie nach einer besonderen Wahrnehmungsfähigkeit, um neben dem Lärm der Hauptaspekte gehört zu werden.

Ein Quintil zwischen Venus und Uranus kann uns beispielsweise dabei unterstützen, unsere künstlerischen Anlagen (Venus) in einer zukunftsweisenden Art (Uranus) zum Ausdruck zu bringen, ohne dabei gleich über das Ziel hinauszuschießen und die Tradition zu vernachlässigen.

Das Halbquadrat und das Anderthalbquadrat

Das Halbquadrat kommt nicht durch eine ganzzahlige Teilung des Kreises zustande. Es befindet sich auf halber Strecke zwischen der Konjunktion und dem Quadrat und entspricht einem Winkelabstand von 45 Grad. Das Anderthalbquadrat befindet sich auf halber Strecke zwischen dem Quadrat und der Opposition und entspricht einem Winkelabstand von 135 Grad. Beiden

Aspekten wird besonders in der Kosmobiologie Baldur Ebertins eine große Bedeutung beigemessen. Sie werden ihrem Charakter nach den Spannungsaspekten zugeordnet.

Halb- und Anderthalbquadrate lassen uns mit den Ausdruckskräften der beteiligten Planeten gerne auf halber Strecke stehen bleiben. Beim Halbquadrat bedeutet dies, dass es zwar zu Konflikten im gemeinsamen Ausdruck kommen kann, diesen jedoch die Schärfe und Intensität fehlt, um uns so weit herauszufordern, dass wir die Probleme wirklich anpacken. Beim Anderthalbquadrat bedeutet dies, dass die Konflikte zwar deutlich im Raum stehen, der vermeintliche Gegner jedoch alles tut, um sich aus der Schusslinie zu bringen, wodurch eine wirkliche Konfrontation letztendlich verhindert wird.

Beide Aspekte bereiten uns daher Probleme beim Ausdruck der beteiligten Planetenenergien, ohne dass bei der Auseinandersetzung mit diesen Problemen am Ende viel herauskommt. Wir erleben Halb- und Anderthalbquadrate daher oftmals als quälend und frustrierend, da sie uns um den Lohn unserer Mühen zu betrügen scheinen.

Weitere Aspekte

Durch das Fortführen der ganzzahligen Teilung des Kreises entstehen weitere Aspekte, wie das Septil (Teilung durch die Zahl 7), das Oktil (Teilung durch die Zahl 8), das Nonil (Teilung durch die Zahl 9) sowie das Dezil (Teilung durch die Zahl 10). Diese Aspekte spielen allerdings in der westlichen Astrologie so gut wie keine Rolle.

Unaspektierte Planeten

Trotz der Vielzahl möglicher Aspekte kann es immer wieder vorkommen, dass Planeten keine der gebräuchlichen Aspekte zu anderen Planeten im Horoskop bilden. Dies bedeutet, dass die Ausdruckskräfte des unaspektierten Planeten keine Verbindung zu den Ausdruckskräften der anderen Planeten aufbauen können und somit ein Eigenleben führen. Sie sind auf sich selbst gestellt und neigen dazu, gegen den Rest der Welt zu kämpfen, um ihre Anliegen zu verwirklichen. Unaspektierte Planeten gleichen einem Dirigenten, dem das Orchester entweder fehlt oder nicht zu folgen bereit ist, da keine direkte Verbindung zwischen beiden besteht.

Ist in einem Horoskop beispielsweise Merkur unaspektiert, dann bleibt das, was wir von unserer Umwelt wahrnehmen, selbst denken oder sprachlich ausdrücken möchten, ohne sichtbare Konsequenzen für unsere anderen Wesensanteile. Wir haben dann ständig das Gefühl, als könnten wir das, was wir begriffen haben, nicht richtig umsetzen.

Halbsummen

Bei den Halbsummen handelt es sich um rechnerische Mittelwerte zwischen zwei Planeten oder anderen Punkten im Horoskop. Die Mittelwerte ergeben sich aus der Halbierung der Distanz zweier Horoskopfaktoren entlang des Tierkreises. Dabei wird in der Regel nur die Halbsumme über die kürzere Distanz berücksichtigt.

Steht beispielsweise die Sonne auf 20 Grad Fische und der Mond auf 4 Grad Krebs, dann befindet sich die Halbsumme von Sonne und Mond auf 8 Grad Stier. Diesem Punkt gegenüber liegt jeweils die andere Halbsumme, die sich über die längere Halbsummendistanz entlang des Tierkreises ergibt.

Die Schreibweise für die Halbsumme von Sonne und Mond im obigen Beispiel lautet: SO/MO = 8 Grad Stier. Halbsummen werden im Sinne einer Synthese zwischen den beiden beteiligten Planetenenergien gedeutet. Im Falle unseres Beispiels bedeutet die Halbsumme SO/MO soviel wie »innere Hochzeit« und gilt als wichtiger Indikator in Zusammenhang mit Ehe oder eheähnlichen Verbindungen. Allerdings fallen die Deutungen der Halbsummen zwischen den einzelnen astrologischen Schulrichtungen wie der »Hamburger Schule« oder der »Kosmobiologie« Reinhold Ebertins zum Teil verschieden aus.

In bestimmten Fällen sind die klassischen Aspekte mit den Halbsummen identisch. Das Quadrat stellt beispielsweise die Halbsumme einer Oppositionsachse dar, das Sextil die Halbsumme eines Trigons, das Halbquadrat die Halbsumme eines Quadrats.

Die Aspektorben

Eine wichtige Rolle bei der Deutung von Aspekten spielt die Frage ihrer Genauigkeit, die sich aus dem zugrunde liegenden Orbis ergibt. Der Orbis eines Aspektes gibt an, um wie viel Grad zwei Planeten oder Horoskopfaktoren vom exakten Aspekt abweichen dürfen, um für eine Aspektdeutung noch in Frage zu kommen.

Ein Orbis von fünf Grad bedeutet beispielsweise, dass die Stellung von Mars auf 20 Grad Fische und Venus auf 15 Grad Zwillinge noch als Quadrataspekt gedeutet wird, obwohl ihr Abstand voneinander lediglich 85 Grad beträgt. Bei einem Orbis von 5 Grad könnte die Stellung der Venus demnach zwischen 15 und 25 Grad Zwillinge liegen, um noch als Quadrataspekt zu Mars gedeutet zu werden (siehe Abbildung auf S. 182).

Ein Orbis von 5 Grad entspricht in etwa dem allgemein gebräuchlichen Durchschnittswert. Die Orbenfrage wird von den verschiedenen astrologischen Schulen allerdings unterschiedlich gehandhabt. Üblicherweise wird der Orbis bei Aspekten zwischen den so genannten persönlichen Planeten Sonne, Mond, Merkur, Venus und Mars etwas größer genommen als der zu den anderen Planeten. Die folgende Tabelle kann zur vorläufigen Orientierung dienen, bis Sie genügend eigene Erfahrungen gesammelt haben, um die Orbenfrage selbstständig und souverän zu handhaben. Grundsätzlich gilt ein Aspekt als umso stärker, je genauer er ist, d. h. je kleiner sein Orbis ist (siehe »Applikative und separative Aspekte« auf S. 182).

Orbentabelle

Horoskopfaktor	durchschnittliche Tagesbewegung	vorgeschlagener Orbis in Grad
Sonne	59'	10
Mond	13°10'	10
Merkur	2°05'	7
Venus	1°35'	7
Mars	32'	7
Jupiter	5'	6
Saturn	2'50"	6
Chiron	0'42"	5
Uranus	0'21"	5
Neptun	0'14"	5
Pluto	0'10"	5
Mondknoten	4'	4

Bei der Handhabung der Orben ist auch die Art des jeweiligen Aspekts zu berücksichtigen. Bei den Hauptaspekten Konjunktion, Quadrat und Opposition sind zehn Grad Orbis angemessen, für Sextil und Trigon reichen fünf bis sieben Grad. Bei den Nebenaspekten sind für Quinkunx, Halbsextil, Halb- und Anderthalbquadrat 3 Grad, für Quintil und Biquintil maximal 2 Grad ausreichend.

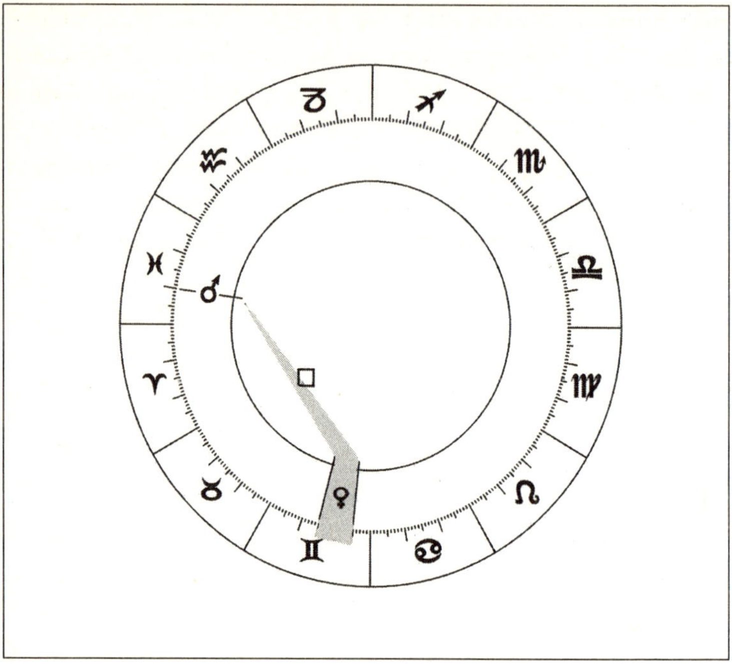

Abb. 6: »Der Gültigkeitsbereich des Quadrataspekts bei einem Orbis von fünf Grad«

Applikative und separative Aspekte

Bei der Deutung von Aspekten ist auch wichtig, zu berücksichtigen, ob ein Aspekt erst noch zustande kommt oder bereits vorbei ist. Kommt der Aspekt erst noch zustande, weil ein schnellerer Planet sich auf den exakten Aspekt mit einem langsameren Planeten zubewegt, wird er als applikativ bezeichnet und grundsätzlich stärker bewertet als ein Aspekt, der abklingt, weil sich der schnellere der beiden beteiligten Planeten vom exakten Aspekt wegbewegt und somit separativ ist.

Um beurteilen zu können, ob sich zwischen zwei Planeten ein

applikativer oder separativer Aspekt bildet, ist es wichtig, die jeweilige Tagesbewegung der Planeten zu kennen. Die exakte Tagesbewegung ist den Ephemeriden zu entnehmen. Dort ist auf einen Blick zu erkennen, welcher der beiden Planeten der schnellere ist. In der Tabelle auf S. 181 sind zur groben Orientierung die durchschnittlichen Tagesbewegungen der Planeten aufgeführt, die im konkreten Einzelfall aufgrund von Rückläufigkeitszyklen (siehe »Rückläufige Planeten« auf S. 73) jedoch erheblich vom angegebenen Durchschnittswert abweichen können.

Applikative Aspekte entfalten eine umso stärkere Kraft, je näher die beteiligten Planeten an den exakten Aspekt herankommen. Separative Aspekte sind generell schwächer zu bewerten als applikative, da der »Höhepunkt« des Aspekts bereits überschritten wurde. Ihre Kraft wird umso schwächer, je weiter sich die beteiligten Planeten vom exakten Aspekt entfernt haben.

Welcher Orbis ist der richtige?

Es empfiehlt sich, die Orbenfrage möglichst undogmatisch zu handhaben. Generelle Regeln sind allenfalls als Richtschnur zu verstehen, um gewisse Anhaltspunkte dafür zu haben, welche Aspekte im Horoskop eine übergeordnete und welche eine eher untergeordnete Rolle spielen werden. Letztlich muss die Orbenfrage bei jedem einzelnen Horoskop individuell entschieden werden.

Jemand, der sich beispielsweise relativ wenig seiner selbst bewusst ist, wird vermutlich nur für die Pauken und Trompeten der lärmenden Quadrate oder Oppositionen in seinem Horoskop resonant sein und die leisen Zwischentöne eines zarten Biquintils überhaupt nicht wahrnehmen. Jemand anderer dagegen, der sich selbst gut kennt und über eine realistische Selbsteinschätzung verfügt, wird vielleicht noch für ein Quadrat mit zehn oder zwölf Grad Orbis empfänglich sein. Bei anderen wiederum führt eine starke Betonung des Fischezeichens oder des Planeten Neptun im Horoskop (siehe »Maximal bedeutsame Planeten im Horoskop« auf S. 224) zu einer ausgeprägteren Durchlässigkeit für große Orben als bei jemandem, der eine Steinbock- bzw. Saturnbetonung aufweist.

Aspektfiguren

Bei der Bewertung einzelner Aspekte ist zusätzlich zu berücksichtigen, dass durch das Vorhandensein von mehreren Aspekten im Horoskop so genannte Aspektfiguren entstehen können. In manchen Schulrichtungen der Astrologie, wie beispielsweise der Huber-Schule, wird den Aspektfiguren ein großes Gewicht beigemessen. Nicht selten werden Aspektfiguren völlig unabhängig von den daran beteiligten Planeten als eigenständige Deutungsfaktoren behandelt und auch psychologisch interpretiert. Dabei wird bei der Bewertung von Aspektfiguren der Gestalt, die durch die Aspektverknüpfungen entsteht, eine besondere Bedeutung beigemessen. Es würde den Rahmen dieses Einführungsbuches sprengen, auf die mittlerweile fast unüberschaubare Menge an Aspektfiguren einzugehen, die durch Aspektverknüpfungen im Horoskop entstehen können. Am folgenden Beispiel soll jedoch die grundsätzliche Bedeutung solcher Aspektfiguren aufgezeigt werden.

In der Abbildung sehen wir eine Oppositionsachse zwischen zwei Planeten eingezeichnet, zu der ein dritter Planet im Quadrat steht. Eine solche Figur wird als T-Quadrat bezeichnet. Ferner sehen wir zwei weitere Planeten, die zu den Planeten der Oppositionsachse jeweils ein Sextil bzw. ein Trigon bilden. Diese Aspektverbindung wird als Trapezfigur bezeichnet.

Das Besondere an dieser Aspektfigur besteht nun darin, dass sich die beiden Planeten, die die Trapezfigur über der Opposi-

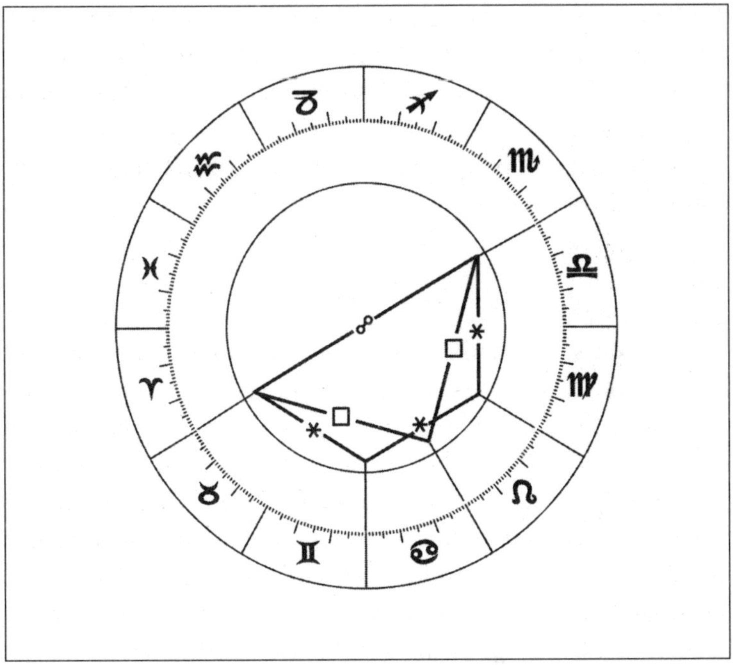

Abb. 7: »Ein T-Quadrat mit einer Trapezfigur«

tionsachse aufspannen, im so genannten harmonisierenden oder entspannenden Punkt in Bezug auf das T-Quadrat befinden. Die Spannung aus dem T-Quadrat kommt dadurch mehr ins Gleichgewicht und findet zwei Ventile, über die die aufgebaute Spannung entweichen kann.

Den beiden Planeten aus der Trapezfigur kommt daher bei der Interpretation des Horoskops eine besondere Bedeutung zu, da sie den Druck und die Spannung aus dem T-Quadrat konstruktiv ableiten können und anderseits in ihrem Ausdruck mit sehr viel Energie aus dem T-Quadrat versorgt werden.

Übung zu den Aspekten:
Die folgende Übung zu den Aspekten eignet sich am besten für eine Gruppe von 10–12 Personen. Bilden Sie mit den anderen Teilnehmern zunächst einen Kreis. Spüren Sie nach, welche Beziehungsqualitäten sich aus der Kreisaufstellung ergeben. Wie fühlt es sich an, jemanden direkt neben sich zu haben (Konjunktion)? Worin besteht der Unterschied im Verhältnis zu Ihrem direkten Gegenüber (Opposition) und der Person daneben (Quinkunx)? Welche Qualität entsteht aus dem Verhältnis zu den Personen, die jeweils ein Viertel des Kreises von Ihnen entfernt stehen (Quadrat)? Wie geht es Ihnen mit den Personen links und rechts davon (Sextil und Trigon)? Tauschen Sie untereinander im Kreis die unterschiedlichen Wahrnehmungen aus. Welchen Aspekt (Anblick) bevorzugen Sie, welcher bereitet Ihnen Probleme?

Wenn die Teilnehmer der Gruppe über astrologische Grundkenntnisse verfügen, können Sie auch einzelne Aspektfiguren nachstellen. Verwenden Sie dafür etwas Schnur oder verschiedenfarbiges Wollgarn. Indem Sie das Garn im Kreis entlang Ihrer Aspektlinien im Horoskop spannen, können Sie körperlich erspüren, worin Sie über die Aspekte verstrickt sind. Welche Knoten müssen Sie eventuell lösen, damit die Energie entlang der Aspektlinien freier fließen kann? Sie können auch auf einen Stuhl steigen und sich das Ganze von oben betrachten, um mehr Distanz zu gewinnen.

Die Mondknoten

Bei den Mondknoten handelt es sich nicht um Planeten oder andere Himmelskörper, sondern um rechnerische Schnittpunkte zwischen der Bahn der Sonne und der des Mondes. Es gibt zwei Mondknoten, die sich genau gegenüberliegen: einen aufsteigenden, nördlichen (Drachenkopf) und einen absteigenden, südlichen (Drachenschwanz).

Die Mondknoten wandern in ungefähr 18 1/2 Jahren einmal durch den Tierkreis. Sie bewegen sich dabei im Uhrzeigersinn, sind also stets rückläufig. (Der so genannte wahre Mondknoten kann kurzzeitig auch direktläufig sein.)

Deutung der Mondknoten

Die Mondknoten sind der Börsenplatz der Astrologie. Nirgendwo wird so viel spekuliert wie bei der Deutung der Schnittstellen von Sonnen- und Mondbahn. Insbesondere in der esoterischen und karmischen Astrologie gleichen Drachenkopf und Drachenschwanz zum Teil wahren Ungeheuern, die vornehmlich durch frühere Inkarnationen spuken und mit abenteuerlichen Deutungen beladen sind. Da die Mondknoten Sonne und Mond miteinander verbinden, kommt ihnen sicherlich eine besondere Bedeutung zu – doch welche, darüber scheiden sich die Geister.

Für ein vertieftes Verständnis des aufsteigenden und des absteigenden Mondknotens empfiehlt es sich, beide als Achse zu deuten, da sie sich stets in gegenüberliegenden Tierkreiszeichen und Häusern befinden. Die Mondknotenachse braucht ca. 1 1/2 Jahre, um durch zwei gegenüberliegende Tierkreiszeichen zu wandern. Für eine individuelle Deutung ist daher die Häuserstellung der Mondknoten im Horoskop von besonderer Bedeutung.

Der aufsteigende Mondknoten ☊

Der aufsteigende Mondknoten stellt einen Faktor dar, dessen Qualitäten im Laufe unseres Lebens entwickelt und verwirklicht werden sollen. An der Schnittstelle zwischen der Verwirklichung von seelischen Anliegen (Mond erlöst) und persönlichen Zielen (Sonne erlöst) weist der aufsteigende Mondknoten auf Potenziale hin, die durch die Integration beider Ebenen verwirklicht werden können.

Die Zeichenstellung des aufsteigenden Mondknotens beschreibt die zu entwickelnden Qualitäten und die Themen, mit denen wir uns dabei auseinander zu setzen haben. Die Hausstellung verweist auf diejenigen Lebensbereiche, in denen sich das Potenzial des aufsteigenden Mondknotens entfalten soll.

Der absteigende Mondknoten ☋

Der absteigende Mondknoten stellt einen Faktor dar, auf dessen Funktionieren wir uns stets verlassen können. Er bietet insbesondere in Krisenzeiten eine gewisse Sicherheit. Seine Qualitäten betrachten wir gerne als selbstverständlichen Bestandteil unseres Lebens. Daraus erwächst die Gefahr, dass wir am absteigenden Mondknoten haften bleiben und uns nicht zum aufsteigenden Mondknoten hin entwickeln.

An der Schnittstelle zwischen seelischen Verstrickungen (Mond unerlöst) und persönlichen Egotrips (Sonne unerlöst) weist der absteigende Mondknoten auf Verhaftungen und Fehlidentifikationen hin, deren Überwindung die Energien freisetzt, die wir zur Verwirklichung der Potenziale des aufsteigenden Mondknotens brauchen.

Die Zeichenstellung des absteigenden Mondknotens beschreibt die Themen, von denen wir uns nur schwer lösen können, und diejenigen Qualitäten, auf die wir uns gerne verlassen. Die Hausstellung des absteigenden Mondknotens verweist auf diejenigen Lebensbereiche, in denen wir uns sicher fühlen und die wir übermäßig strapazieren, um uns vor der Entwicklung unserer Potenziale zu drücken.

Begegnungen auf der Mondknotenachse

Im Bereich unserer Mondknotenachse kommt es nicht selten zu wichtigen Begegnungen mit Menschen und besonderen Lebenssituationen. Menschen, die ihre Spuren in unserem Leben hinterlassen, haben meist wichtige Horoskopfaktoren (stark gestellte Planeten, Horoskopachsen) in Konjunktion oder einem anderen wichtigen Aspekt mit unserer Mondknotenachse. In besonderen Lebenssituationen, in denen sich unser »Schicksal« zu entscheiden scheint, laufen oft wichtige Radix-Planeten im Transit über die Mondknotenachse.

Eine Spezialität der Mondknotenachse sind so genannte »Déjà-vu«-Erlebnisse, bei denen uns bislang unbekannte Menschen und Situationen vertraut und bekannt vorkommen. Solche Erlebnisse verführen immer wieder zu den bereits erwähnten »karmischen« Deutungen der Mondknotenachse, die jedoch keineswegs zwingend sind.

Wenn wir bedenken, dass uns täglich etwa 60 000 Gedanken durch den Kopf gehen, von denen mehr als 50% dieselben sind wie am Tag zuvor, dann wundert es nicht, wenn uns manches von dem, was wir mit unseren Gedanken anziehen, bekannt vorkommt. Wenn andererseits alles, was uns bekannt vorkommt, tatsächlich mit früheren Leben in Zusammenhang stünde, dann bestünden 90% der entscheidenden Situationen unseres Lebens aus der Aufarbeitung angeblich vergangener Leben – eine deprimierende Vorstellung.

Die Deutung der Mondknoten auf den Tierkreisachsen

Mondknoten im Bereich Widder/Waage

Auf der Tierkreisachse Widder/Waage geht es um den Konflikt zwischen gesundem Egoismus sowie kämpferischer Selbstbehauptung (Widder) und dem Wunsch nach Beziehungen, die dem harmonischen Interessenausgleich mit anderen dient (Waage).

Steht der absteigende Mondknoten in Widder, besteht die Gefahr, dass in Krisensituationen Sicherheit und Stabilität im Einzelkämpfertum gesucht wird und die Interessen nahe stehender Lebens- oder Berufspartner nicht adäquat berücksichtigt werden.

Steht der absteigende Mondknoten in Waage, wird in Krisensituationen dem Rat und der Meinung anderer mehr Bedeutung beigemessen als den berechtigten Eigeninteressen, deren Durchsetzung gescheut wird.

Mit dem aufsteigenden Mondknoten in Widder gilt es, Entschlossenheit, Mut zur Initiative und Entscheidungskraft zu entwickeln, um im Leben voranzukommen.

Mit dem aufsteigenden Mondknoten in Waage sollen wesentliche Lebensziele gemeinsam mit anderen erreicht werden. Die Auseinandersetzung mit den Standpunkten anderer und das Ringen um Kompromisse sind für die persönliche Entwicklung und Reifung besonders wichtig.

Mondknoten im Bereich Stier/Skorpion

Auf der Tierkreisachse Stier/Skorpion steht der Konflikt zwischen Festhalten (zur Sicherung der Eigenexistenz) und Loslassen (zur Transformation seelisch verdichteter Erlebnisinhalte) im Vordergrund.

Steht der absteigende Mondknoten in Stier, besteht die Gefahr, sich in Krisensituationen auf die gehorteten persönlichen Besitzstände zu verlassen, deren Sicherung jedoch fast die gesamte Lebensenergie bindet und damit Entwicklung und Wandlung blockiert.

Steht der absteigende Mondknoten in Skorpion, wird in Krisensituationen leicht das Kind mit dem Bade ausgeschüttet, in dem Glauben, damit alles loszulassen, was einen bindet. Im Überschwang seelischer Schmerzen und innerer Leidenschaften wird oft übersehen, was der eigenen Existenz Halt und Sicherheit gewährt.

Mit dem aufsteigenden Mondknoten in Stier gilt es, ein Gespür für die Bedeutung existenzsichernder Werte und Besitztümer zu entwickeln und sich die Zeit zu lassen, die zu ihrer Schaffung notwendig ist.

Mit dem aufsteigenden Mondknoten in Skorpion sind intensive seelische Leidenschaften, die durch tiefes Einlassen und die Konfrontation mit existenziellen Lebenssituationen entstehen, der Stoff auf dem Weg zur persönlichen Wandlung und Transformation.

Mondknoten im Bereich Zwillinge/Schütze

Im Bereich der Tierkreisachse Zwillinge/Schütze geht es um die Bündelung von Wissen und Information (Zwillinge) zu sinnstiftenden Lebensperspektiven und erkenntnisfördernden Zusammenhängen (Schütze).

Steht der absteigende Mondknoten in Zwillinge, wird in Krisensituationen der Wunsch nach Zerstreuung und Ablenkung zum Ersatz für zielorientiertes Denken und Handeln. Jede noch so belanglose Neuigkeit wird willkommen geheißen, damit die eigene Verzweiflung angesichts der Perspektivlosigkeit des persönlichen Daseins nicht ins Bewusstsein tritt.

Steht der absteigende Mondknoten in Schütze, wird in Krisensituationen jede Belanglosigkeit mit Bedeutung überfrachtet. Gefragt sind dann nur noch eigene Weisheiten und Botschaften, die ungeachtet dessen, ob sie passen oder nicht, allem und jedem angetragen werden. In der Hoffnung auf eine bessere Zukunft gerät die Gegenwart zu einem Durchgangsstadium für ein viel versprechendes Morgen und Übermorgen.

Mit dem aufsteigenden Mondknoten in Zwillinge gilt es, sich durch den schnellen Wechsel möglicher Standpunkte der Relativität eigener Überzeugungen bewusst zu werden. Ein neugieriges Anteilnehmen an der persönlichen Umwelt und der angeregte Austausch mit ihr bringen ein vielseitiges Dasein zur Entfaltung.

Mit dem aufsteigenden Mondknoten in Schütze geht es darum, der eigenen Existenz durch übergreifende Perspektiven Sinn und Bedeutung zu verleihen. Anhand einer inneren Ausrichtung auf persönliche Ziele kann die tief empfundene Beliebigkeit und Relativität des Daseins überwunden werden und in eine Vision von einer besseren Welt münden.

Mondknoten im Bereich Krebs/Steinbock

Auf der Tierkreisachse Krebs/Steinbock geht es um seelische und emotional bewegende Anteilnahme am Dasein, wodurch vielfältige Gefühle ausgelöst werden (Krebs), die ohne die Kraft zur Abgrenzung und Eigenverantwortung (Steinbock) nicht gelebt und integriert werden können.

Steht der absteigende Mondknoten in Krebs, bietet die eigene Gefühlswelt in Krisensituationen Schutz und Geborgenheit. Unter dem wärmenden Mantel der eigenen Familie, der eigenen vier Wände oder anderer Verwurzelungen besteht die Gefahr, auf die harten Anforderungen des Lebensalltags mit Rückzug in die eigene Empfindsamkeit und Sensibilität zu reagieren und persönliche Eigenverantwortung konsequent zu vermeiden.

Steht der absteigende Mondknoten in Steinbock, ist in Krisensituationen auf die eigene Disziplin und das persönliche Verantwortungsbewusstsein Verlass. Durch Verzicht und innere Härte wird zwar den Anforderungen des Lebens getrotzt, möglicherweise jedoch um den Preis seelischer Abkapselung und einem Mangel an Geborgenheit und emotionaler Zuwendung.

Mit dem aufsteigenden Mondknoten in Krebs kann durch die Entwicklung nährender und fürsorglicher Qualitäten ein inneres Gefühl des Geborgenseins in der Welt entstehen. Getragen von der Kraft zum Neinsagen und zur Abgrenzung kann ein emotionales Sich-öffnen und Anteilnehmen ein bewegtes und erfüllendes Gefühlsleben entstehen und wachsen lassen.

Mit dem aufsteigenden Mondknoten in Steinbock kann durch die Entwicklung von Disziplin und Ausdauer eine eigenverantwortliche Lebensgestaltung erreicht werden, die auch die Notwendigkeit zu Verzicht und das Einhalten bestimmter Grenzen zu integrieren vermag.

Mondknoten im Bereich Löwe/Wassermann

Auf der Tierkreisachse Löwe/Wassermann geht es darum, durch schöpferischen Selbstausdruck zum Mittelpunkt des eigenen Lebens zu werden und mit Mut zu sich selbst das eigene Herz mit der Welt zu verbinden (Löwe), dabei ein einmaliges Individuum zu werden, das gelassen zu größtmöglicher Freiheit und Unabhängigkeit vordringt und sich zum Wohl des sozialen Ganzen engagiert (Wassermann). Auf dieser Achse verbindet sich das ausgereifte Individuum mit einem größeren Ganzen, um nicht nur sich selbst, sondern allen Menschen zu ihrem Recht zu verhelfen.

Steht der absteigende Mondknoten in Löwe, kann in Krisensituationen auf ein stark entwickeltes Ego zurückgegriffen werden, das sich seiner Sache sicher ist. Es besteht jedoch die Gefahr, die Welt nur als Ausdehnung der eigenen Person zu sehen, die der persönlichen Selbstverwirklichung zur Verfügung zu stehen hat.

Der absteigende Mondknoten in Wassermann steht in Krisensituationen immer über den Dingen, notfalls bis zum Wadenkrampf. Die Gefährdung liegt in einer kalten und distanzierten Betonung der eigenen Besonderheit, die nicht selten in eine isolierte Existenz im Elfenbeinturm mündet.

Mit dem aufsteigenden Mondknoten in Löwe gilt es, das Leben als persönliche Chance zu begreifen, durch schöpferische Selbstverwirklichung auf die Frage »Wer bin ich?« eine klare Anwort geben zu können.

Mit dem aufsteigenden Mondknoten in Wassermann gilt es, die Verwirklichung von Eigeninteressen in den Dienst übergeordneter Anliegen zu stellen, die dem sozialen Ganzen zugute kommen und letztendlich zur Befreiung des Individuums beitragen.

Mondknoten im Bereich Jungfrau/Fische

Auf der Tierkreisachse Jungfrau/Fische geht es darum, durch Analyse und Differenzierung ein Unterscheidungsvermögen dafür zu entwickeln, was dem eigenen Wesen gemäß ist und was nicht (Jungfrau), ohne dabei die Sehnsucht nach Erlösung durch das Verschmelzen mit und dem Sich-Auflösen im großen Ganzen aus den Augen zu verlieren (Fische). Nur über die Einsicht, dass der Fluss des Lebens eigenen Gesetzen folgt, die der rationale Verstand oftmals als chaotisch empfindet und die sich letztendlich jeglicher Kontrolle und Planung entziehen, ist wahre Erlösung möglich.

Steht der absteigende Mondknoten in Jungfrau, wird in Krisensituationen auf bewährte Kontrollmechanismen zurückgegriffen, die Sicherheit vor unliebsamen Überraschungen bieten sollen. Es besteht die Gefahr, sich gegen alles versichern und absichern zu wollen, um jedes Risiko zu vermeiden, das eine vertrauensvolle Hingabe an die Existenz mit sich bringen könnte.

Steht der absteigende Mondknoten in Fische, wird Krisensituationen mit einem unerschütterlichen Gottvertrauen begegnet. Es besteht die Gefahr, sich nur noch auf den persönlichen Schutzengel zu verlassen und sich vom Leben auch an solche Ufer tragen zu lassen, die dem eigenen Wesen überhaupt nicht entsprechen.

Mit dem aufsteigenden Mondknoten in Jungfrau gilt es, in Demut und Bescheidenheit sein inneres Wesen und dessen Tempel, den Körper, von Einflüssen zu reinigen, die der Entfaltung der eigenen Spiritualität nicht dienlich sind. Getragen von der Hingabe an das Leben soll eine Ordnung geschaffen werden, in der auch Platz für das spontane Chaos der Schöpfung ist.

Mit dem aufsteigenden Mondknoten in Fische gilt es, für sämtliche Opfer bereit zu sein, die das eigene Urvertrauen in die Existenz stärken und dem Göttlichen in uns Raum geben, sich zu entfalten. Getragen von der Kraft eines entwickelten Unterscheidungsvermögens sollen die Träume und Sehnsüchte des Lebens verwirklicht werden.

Fragen zur Deutung der Mondknoten in den Häusern

Sie können sich die Deutung der Mondknotenachse in den Häusern anhand folgender Fragen selbst erschließen.

Absteigender Mondkoten:

- Was funktioniert in meinem Lebensalltag auch in Krisenzeiten so gut, dass ich mich stets darauf verlassen kann? (z. B. absteigender Mondknoten im 2. Haus: »Dass immer genug Geld auf meinem Konto ist.«)
- In welchen Lebensbereichen kann ich mich nur schwer von lieb gewonnenen und vertrauten Gewohnheiten lösen, obwohl sie eigentlich nicht mehr zu mir passen? (z. B. absteigender Mondknoten im 11. Haus: »Meine Wochenenden mit Freunden durchfeiern.«)
- Was gelingt mir wie selbstverständlich, ohne dass ich viel dafür tun muss? (z. B. absteigender Mondknoten im 5. Haus: »Schöpferisch und kreativ sein«, oder »Mit meinen Kindern Spaß haben.«)

Aufsteigender Mondknoten:

- In welchen Lebensbereichen drücke ich mich vor Dingen, die mir eigentlich gut täten? (z. B. aufsteigender Mondknoten im 6. Haus: »Mir einen gesünderen und vernünftigeren Lebensrhythmus zuzulegen und mir mehr Zeit zum Ausspannen zu gönnen.«)
- Wo warten Aufgaben auf mich, an denen ich wirklich wachsen könnte? (z. B. aufsteigender Mondknoten im 9. Haus: »Mich für Entwicklungshilfeprojekte engagieren.«)
- Was begegnet mir immer wieder, obwohl ich schon mehrmals daran gescheitert bin? (z. B. aufsteigender Mondknoten im 7. Haus: »Der Partner, der perfekt zu mir passt und den ich mein Leben lang lieben werde.«)

Abschließende Hinweise zur Deutung der Mondknoten

Nutzen Sie die Auseinandersetzung mit der Thematik Ihrer Mondknotenachse, um Ihr Leben einmal aus einer übergeordneten Perspektive zu betrachten. Stellen Sie sich die Frage, welche Ziele, die über Ihre Eigenperson hinausweisen, Sie am Ende Ihres Lebens verwirklicht haben möchten (aufsteigender Mondknoten), und vergewissern Sie sich der Sicherheiten, Ressourcen und funktionierenden Verhaltensmuster, auf die Sie in Krisenzeiten jederzeit zurückgreifen können (absteigender Mondknoten).

Oftmals fasst die Mondknotenachse die Themen, die sich aus der Analyse der anderen Horoskopfaktoren ergeben, brennpunktartig zusammen, und es spricht nichts dagegen, im Licht der Mondknoten diese Themen einmal unter spirituellen Gesichtspunkten zu betrachten und zu deuten.

Zweiter Teil

Der Einstieg in die Horoskopdeutung

Madonna

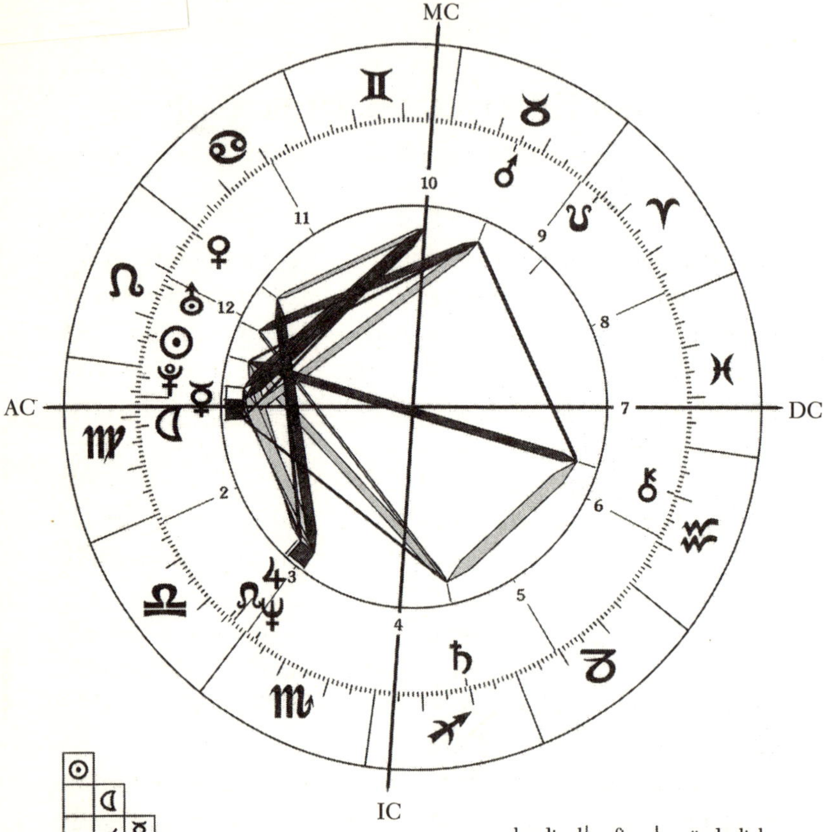

☉											
	☽										
	☌	☿									
			♀								
□	△			♂							
✶	∟		□		♃						
△	□					♄					
				□			⛢				
		✶	□		☌	∟		♆			
☌	☌	☌						✶	♇		
☍				□		✶				⚷	
	☌	☌							☌		A
		□	✶						□		M

	kardinal	fix	veränderlich
Feuer		☉♀⛢	♄
Luft	♃		MC
Wasser		♆	
Erde		♂	AC☿☽♇

Madonna
16. 8. 1958 7:05 EST, 12:05 GMT
Bay City, MI, USA, 83W53, 43N36
Häuser nach Placidus

Der Einstieg ins Horoskop

Nachdem Sie im ersten Teil des Buches die einzelnen Bausteine des Horoskops näher kennen gelernt haben, können Sie nun mit dem Einstieg in die Horoskopdeutung beginnen. Es gibt viele Möglichkeiten, wie Sie diesen Einstieg vornehmen können. Vermutlich kennen Sie das Gefühl, vor einem Horoskop zu sitzen und gar nicht so recht zu wissen, womit Sie anfangen sollen und was nun wirklich wichtig ist. Vielleicht fällt Ihnen auf den ersten Blick auch überhaupt nichts ein, und Sie haben das Gefühl, mit Ihrem astrologischen Grundwissen wenig anfangen zu können.

In beiden Situationen kann es hilfreich sein, wenn Sie sich schrittweise an das Horoskop herantasten und sich systematisch einzelne Deutungselemente erarbeiten. Im Folgenden wird ein solches Vorgehen ausführlich beschrieben.

Damit Sie die Anwendung und Umsetzung der einzelnen Schritte leichter nachvollziehen können, wird jeder einzelne Schritt an einem Fallbeispiel erläutert. Dabei handelt es sich um das Horoskop der amerikanischen Sängerin, Tänzerin und Filmschauspielerin Madonna (siehe Horoskop auf S. 200).

1. Deutungsschritt: Elemente und Kreuze

Untersuchen Sie in einem ersten Auswertungsschritt die Verteilung der Planeten und Horoskopachsen auf die vier Elemente und die drei Kreuze. Damit Sie die richtigen Zuordnungen vornehmen können, sind in der folgenden Tabelle zu jedem der zwölf Tierkreiszeichen das entsprechende Element und Kreuz aufgeführt. Jedem Tierkreiszeichen wird ferner ein Planet als so genannter Zeichenherrscher zugeordnet. Die Zeichenherrscher sind in der Tabelle ebenfalls mit aufgeführt, wobei bestimmten Tierkreiszeichen aufgrund der Entdeckung von weiteren Planeten jeweils zwei Planeten zugeordnet werden. Ich empfehle Ihnen, für die spätere Auswertung die neuen Zeichenherrscher zu verwenden.

Tierkreiszeichen	Element	Kreuz	Zeichenherrscher
Widder	Feuer	kardinal	Mars
Stier	Erde	fix	Venus
Zwillinge	Luft	beweglich	Merkur
Krebs	Wasser	kardinal	Mond
Löwe	Feuer	fix	Sonne
Jungfrau	Erde	beweglich	Merkur
Waage	Luft	kardinal	Venus
Skorpion	Wasser	fix	Pluto (neu), Mars
Schütze	Feuer	beweglich	Jupiter
Steinbock	Erde	kardinal	Saturn
Wassermann	Luft	fix	Uranus (neu), Saturn
Fische	Wasser	beweglich	Neptun (neu), Jupiter

Ordnen Sie nun jedem der nachstehend aufgeführten Horoskopfaktoren den angegebenen Punktwert nach Elemente- und Kreuzbesetzung zu:

Sonne	5 Punkte
Mond	5 Punkte
Aszendent	5 Punkte
Herrscher des Aszendenten	4 Punkte
Medium Coeli (MC)	3 Punkte
Merkur	4 Punkte
Venus	3 Punkte
Mars	3 Punkte
Jupiter	2 Punkte
Saturn	2 Punkte
Chiron	1 Punkt
Uranus	1 Punkt
Neptun	1 Punkt
Pluto	1 Punkt

Insgesamt vergeben Sie also 40 Punkte für die Elementeverteilung und 40 Punkte für die Verteilung nach Kreuzen. Wie Sie dabei vorgehen können, veranschaulicht die folgende Auswertung am Beispielhoroskop von Madonna:

Horoskopfaktor	Punkte/Element	Punkte/Kreuz
Sonne in Löwe	5 Feuer	5 fix
Mond in Jungfrau	5 Erde	5 beweglich
Aszendent Jungfrau	5 Erde	5 beweglich
AC-Herrscher = Merkur in Jungfrau	4 Erde	4 beweglich
MC in Zwillinge	3 Luft	3 beweglich
Merkur in Jungfrau	4 Erde	4 beweglich

Venus in Löwe	3 Feuer	3 fix
Mars in Stier	3 Erde	3 fix
Jupiter in Waage	2 Luft	2 kardinal
Saturn in Schütze	2 Feuer	2 beweglich
Chiron in Wassermann	1 Luft	1 fix
Uranus in Löwe	1 Feuer	1 fix
Neptun in Skorpion	1 Wasser	1 fix
Pluto in Jungfrau	1 Erde	1 beweglich
Punkte insgesamt	40	40

Daraus ergeben sich folgende Punkteverteilungen:

Feuer	11 Punkte
Wasser	1 Punkt
Erde	22 Punkte
Luft	6 Punkte
Kardinales Kreuz	2 Punkte
Fixes Kreuz	14 Punkte
Bewegliches Kreuz	24 Punkte

Deutung der Elementeverteilung und Kreuzbesetzung im Horoskop von Madonna

Das Erdelement ist stark betont (22 Punkte). Dieser weit über dem Durchschnittswert von 10 Punkten liegende Wert weist auf eine praktische Veranlagung hin. Die Wahrnehmung ist auf die sinnlich erlebbaren und konkret greifbaren Aspekte des Lebens gerichtet. Für Madonna steht die konkrete Auseinandersetzung mit den materiellen Lebensgrundlagen im Vordergrund. Sie ist allen Sinnesfreuden gegenüber aufgeschlossen und widmet ihren körperlichen Bedürfnissen viel Aufmerksamkeit. Es dürfte ihr leicht fallen, ihren Lebensunterhalt selbst zu bestreiten und die praktischen Probleme des Lebensalltags zu bewältigen.

Das Wasserelement ist nur schwach besetzt (1 Punkt). Es ist für Madonna nicht einfach, seelisch Anteil zu nehmen und emotional auf andere Menschen und ihre Umgebung zu reagieren. Sie kann dadurch den Eindruck erwecken, als ob ihre Gefühle nicht wirklich »echt« wären. Dies heißt nicht, dass sie gar keine Gefühle empfinden und ausdrücken kann (ihr Mond steht z. B. nahe am Aszendenten und weist auf eine starke emotionale Berührbarkeit hin). Es ist jedoch so, dass kein seelisches Mitschwingen spürbar wird, was typisch für eine schwache Besetzung des Wasserelements ist.

Das Feuerelement ist durchschnittlich besetzt (11 Punkte). Es fällt ihr leicht, initiativ zu sein, ihre Kraft auszudrücken und ihrem Leben Sinn und Perspektive zu verleihen. Sie lässt sich begeistern, ohne gleich mitgerissen zu werden, und kann ihre Energie in Maßen einsetzen, ohne sich gleich gänzlich zu verausgaben.

Das Luftelement ist leicht unterbesetzt (6 Punkte). Es dürfte Madonna manchmal schwer fallen, Abstand zu sich selbst zu finden und ihr Leben objektiv zu sehen. Dafür läuft sie nicht Gefahr, alles rational durchdringen zu wollen und das Leben nur aus einer intellektuellen Perspektive zu sehen.

Das kardinale Kreuz ist nur schwach besetzt (2 Punkte). Madonna ist auf Impulse von außen angewiesen. Sie möchte lieber angestoßen werden als selbstständig die Initiative zu ergreifen.

Das fixe Kreuz ist durchschnittlich besetzt (14 Punkte). Sie hat daher keine Probleme, etwas Begonnenes weiterzuführen und in die richtige Form zu bringen.

Das bewegliche Kreuz ist sehr stark betont (24 Punkte). Es fällt Madonna leicht, sich ständig zu verändern und an neue Situationen anzupassen. Sie ist sehr beweglich und kann schnell und flexibel auf ihre Umwelt reagieren. Ihr Leben ist fortwährend Veränderungen unterworfen, und sie braucht viel Abwechslung, um sich wohl zu fühlen. Sie kann aus jeder Situation etwas machen, da ihr immer Mittel und Wege einfallen, durch leichte Veränderungen die Dinge wieder in Gang zu bringen.

Deutung der Elementeverteilung und Kreuzbesetzung im eigenen Horoskop

Nachdem Sie nun die grundsätzliche Vorgehensweise bei der Deutung der Elementeverteilung und Kreuzbesetzung im Horoskop kennen gelernt haben, können Sie sich an die Deutung dieser Faktoren in Ihrem eigenem Horoskop herantasten. Vergegenwärtigen Sie sich zunächst nochmals die grundsätzliche Bedeutung der Elemente und Kreuze im Horoskop anhand des entsprechenden Kapitels im ersten Teil des Buches auf S. 77.

Werten Sie anschließend die Verteilung der Planeten auf die Elemente und Kreuze in Ihrem Horoskop entsprechend der Tabelle auf S. 202 aus. Sie finden in der Tabelle auch die Zeichenherrscher aufgeführt, damit Sie die Punktewerte für den Herrscher des Aszendenten zuordnen können. Steht Ihr Aszendent z. B. in Skorpion, dann ist der (neue) Zeichenherrscher Pluto zu berücksichtigen. Steht dieser z. B. in Löwe, dann sind für den Herrscher des Aszendenten vier Punkte dem Feuerelement und vier Punkte dem fixen Kreuz zuzuordnen.

Nachdem Sie nun die Punktewerte für die einzelnen Elemente und Kreuze ermittelt haben, können Sie mit der Deutung beginnen. Machen Sie sich dabei klar, dass die Punktewerte nur Orientierungsgrößen darstellen und es sprachlich kaum möglich sein wird, z. B. den Unterschied zwischen 12 und 13 Punkten Feuer adäquat auszudrücken. Die Punktewerte lassen lediglich Tendenzen erkennen, und nur diese sollen gedeutet werden.

Dabei können folgende Schwierigkeiten auftauchen:

1. Die Verteilung der Punktewerte im Bereich der El entspricht für alle Elemente in etwa dem Durchschnit (8–12 Punkte). Dies zeigt eine ausgewogene Verteilun der Elemente im Horoskop an und kann so gedeutet werden, dass im Leben dieses Menschen die Fähigkeit zu geistiger Objektivität und intellektuellem Verstehen (Luft), die Fähigkeit zur praktischen Realitätsbewältigung (Erde), die Fähigkeit zu Begeisterung und Initiative (Feuer) und die Fähigkeit zu seelischem Mitgefühl und emotionaler Anteilnahme (Wasser) in einem harmonischen Gleichgewicht sind.

2. Bestimmte Elemente sind stark betont (über 15 Punkte), andere dagegen nur schwach besetzt (unter 5 Punkte). Dies bedeutet in der Regel, dass die Energie der stark besetzten Elemente überdeutlich zum Ausdruck gebracht und ihr Vorhandensein als selbstverständlich erlebt wird, während die Energie der schwach besetzten Elemente im Außen und in anderen Menschen gesucht wird. Eine starke Betonung der Elemente Feuer und Erde z. B. wird oft als »Dampfwalze« bezeichnet, da der Wunsch, konkrete Dinge zu schaffen (Erde), von der Begeisterungsfähigkeit und Initiativkraft des Feuerelements angetrieben wird. Bei einer gleichzeitigen Unterbesetzung der Elemente Wasser und Luft kommt der Betreffende dagegen mit Mitgefühl (Wasser) und der Fähigkeit zu objektiver Distanz (Luft) vorwiegend über die Begegnung mit anderen in Kontakt. Vereinfacht ausgedrückt: Wovon wir zu viel haben, da neigen wir zu Übertreibungen, und was wir zu wenig haben, das holen wir uns von außen über andere.

3. Die Verteilung der Punktewerte auf die drei Kreuze entspricht in etwa dem Durchschnittswert (11–16 Punkte). Diese Verteilung verweist auf die Fähigkeit, sowohl selbst Impulse zu setzen (kardinal) als auch diese mit einer gewissen Ausdauer weiterzuentwickeln (fix) und gegebenenfalls zu verändern (beweglich).

4. Bestimmte Kreuze sind stark betont (über 17 Punkte) oder relativ schwach besetzt (unter 10 Punkte). Ist z. B. das kardinale Kreuz schwach besetzt, das fixe Kreuz dagegen stark betont, dann fällt es dem Betreffenden schwer, etwas Neues in Angriff zu nehmen oder eigenständig Impulse zu setzen (kardinal). Dafür kann er hervorragend innerhalb eines bestehenden Bezugsrahmens die anfallenden Arbeiten mittragen und ausführen, notfalls bis in alle Ewigkeit (fix). Ist dagegen das bewegliche Kreuz schwach besetzt, dann fällt es dem Betreffenden schwer, sich an vorhandene Gegebenheiten anzupassen oder seine Gewohnheiten zu ändern.

Ich hoffe, Sie haben nun ein Gespür für die Deutungsmöglichkeiten der Elemente und Kreuze bekommen und sind in der Lage, sich eigenständige Deutungen zu erschließen.

2. Deutungsschritt: Der Aszendent

Der Aszendent spielt bei der Deutung des Horoskops eine besondere Rolle, da seine Stellung im Tierkreis von der Stunde und dem Ort der Geburt abhängig ist und er somit einen sehr individuellen Deutungsfaktor darstellt (siehe auch »Wie die Horoskopachsen, Quadranten und Häuser zustande kommen«, S. 138). Wie der Aszendent eines Horoskops grundsätzlich zu deuten ist, haben Sie bereits im ersten Teil des Buches erfahren (siehe »Der Aszendent«, S. 141).

Üblicherweise finden Sie den Aszendenten als waagerechte Linie im Horoskop eingezeichnet, die links ein Zeichen des Tierkreises schneidet (siehe Horoskopabb., S. 200). Das Zeichen des Aszendenten symbolisiert unser Spontanverhalten sowie die

Ausdrucksmöglichkeiten, die wir zur Umsetzung unserer inneren Anliegen zur Verfügung haben. Die folgende Tabelle enthält dazu einige Stichworte, die Ihnen bei der Deutung des Aszendenten eine Hilfe sein können:

Aszendent	Ausdruck/Spontanverhalten
Widder	kämpferisch, impulsiv, willensstark
Stier	behäbig, langsam, sinnlich, körperbetont
Zwillinge	flink, agil, kopfbetont, leicht nervös
Krebs	empfindsam, zurückhaltend, verletzlich
Löwe	auffallend, selbstbezogen, stolz, stark
Jungfrau	vorsichtig, angepasst, kontrolliert
Waage	unentschieden, harmonisch, ausweichend
Skorpion	durchdringend, verschlossen, intensiv
Schütze	optimistisch, mitreißend, übertrieben
Steinbock	reserviert, förmlich, streng, hart
Wassermann	distanziert, unberechenbar, eigenwillig
Fische	durchlässig, ungreifbar, einfühlsam

Die Deutung des Aszendenten im eigenen Horoskop

Anhand der aufgeführten Stichworte können Sie sich nun eigene Deutungen zu Ihrem Aszendentenzeichen ableiten. Verwenden Sie dazu auch die bei den einzelnen Tierkreiszeichen aufgeführten Themen im ersten Teil des Buches.

Beachten Sie dabei die Deutungsebenen des Aszendenten:
- spontaner Selbstausdruck
- körperliche Erscheinung
- Ausstrahlung
- Wirkung auf andere

Befindet sich Ihr Aszendent z. B. im Zeichen Skorpion, dann wirken Sie auf andere wahrscheinlich etwas verschlossen und geheimnisvoll. Ihr spontaner Selbstausdruck vermittelt eine gewisse Intensität, die sich nicht selten auch über die Augen in Form eines durchdringenden »Psychologenblicks« ausdrücken kann. Andere haben dann leicht das Gefühl, von Ihnen durchschaut zu werden, und sie kommen sich irgendwie »nackt« vor. Mit einem Skorpion-Aszendenten können Sie anderen Geheimnisse entlocken, ohne selbst welche preiszugeben. Obwohl Sie sich eher bedeckt halten, ist Ihr Auftreten durch eine gewisse Intensität gekennzeichnet, der sich andere nicht ohne weiteres entziehen können. Skorpion-Aszendenten gehen oft mit einem magischen Charisma einher, das andere in Bann schlagen und faszinieren kann.

Wie Sie diesem Beispiel entnehmen können, brauchen Sie bei der Deutung des Aszendenten lediglich die aufgeführten Deutungsstichworte zusammen mit den Deutungen zu den Tierkreiszeichen möglichst anschaulich und lebensnah umzusetzen, um zu inhaltlich stimmigen Deutungsaussagen zu kommen. Probieren Sie es einfach aus!

Die Deutung des Aszendenten in Madonnas Horoskop

Im Falle des Beispielhoroskops von Madonna ergeben sich folgende Deutungsaussagen:

Der Aszendent befindet sich in Jungfrau (siehe Horoskopabbildung auf S. 200). Der spontane Selbstausdruck Madonnas wirkt kontrolliert. Sie studiert jede ihrer Gesten auf der Bühne perfekt ein und kann sich optimal an vorgegebene Rahmenbedingungen anpassen. Sie versucht sich möglichst unter Kontrolle zu halten, hat sich gewissermaßen stets in der Hand, und achtet darauf, nicht außer sich zu geraten.

Das Jungfrauzeichen wäscht zudem seine Hände gerne in Unschuld. Madonna treibt damit einen regelrechten Kult, indem sie auch die Schattenseiten der Jungfrau zum Ausdruck bringt und sowohl Heilige als auch Hure verkörpert. Diese jungfrautypische Scheinheiligkeit kommt beim Publikum offensichtlich gut an.

Als bewegliches Erdzeichen bringt Jungfrau auch eine ausgeprägte Flexibilität und Anpassungsfähigkeit zum Ausdruck, die auf der Ebene des Aszendenten besonders spürbar ist. In den 80er-Jahren platzierte Madonna einen sehr erfolgreichen Song mit dem Titel »Like a virgin«, zu deutsch »Wie eine Jungfrau«, was nochmals veranschaulicht, wie stark sich das Zeichen des Aszendenten im Leben eines Menschen ausdrücken kann.

3. Deutungsschritt: Der Herrscher des Aszendenten

Der Aszendent des Horoskops weist noch andere als die bislang beschriebenen Deutungsebenen auf. Er symbolisiert auch die Anlage, die verwirklicht werden soll. Wie diese Verwirklichung im konkreten Einzelfall jeweils erfolgt, ist an der Stellung des Zeichenherrschers des Aszendenten zu erkennen. Wie Sie diesen im Horoskop ausfindig machen können, wurde bereits beim ersten Deutungsschritt zur Auswertung der Elemente und Kreuze beschrieben (siehe S. 202).

Die Deutung des Azendentenherrschers im eigenen Horoskop

Der Aszendentenherrscher ist der »Planetengott«, dem wir folgen sollen (Howard Sasportas). Daher kommt diesem Planeten im Horoskop eine besondere Bedeutung zu. Ermitteln Sie zunächst anhand der Tabelle auf S. 202 den Planeten, der das Zeichen Ihres Aszendenten beherrscht. Verwenden Sie dazu jeweils den neuen Zeichenherrscher, obwohl auch der alte Zeichenherrscher meist eine gewisse Rolle spielen kann. Lesen Sie anschließend nochmals im ersten Teil des Buches die generelle Bedeutung des entsprechenden Planeten nach, und arbeiten Sie die aufgeführten Fragen ausführlich durch. Wenn Sie dies getan haben, werden Sie bereits einen umfassenden Eindruck von dem »Planetengott« haben, dem Sie folgen sollen und der Sie bei der Verwirklichung Ihrer Anlage unterstützen kann.

Ermitteln Sie nun die Stellung Ihres Aszendentenherrschers im Horoskop. Merken Sie sich sowohl seine Zeichenstellung als auch das Haus, in dem er steht. Lesen Sie anschließend die Kurzdeutung der Zeichenstellung des Planeten im ersten Teil des Buches sowie das entsprechende Häuserkapitel nach. Wie Sie diese Faktoren miteinander kombinieren können, wird Ihnen ausführlich im Kapitel »Die Kombination von Zeichen- und Hausstellung eines Planeten« auf S. 216 erläutert.

Die folgende Tabelle gibt Ihnen einen Überblick über die zu verwirklichenden Anlagen für jedes Aszendentenzeichen.

Aszendent	zu verwirklichende Anlage
Widder	Kämpferischer Selbstausdruck; im Überlebenskampf Durchsetzungsfähigkeit entwickeln
Stier	Stabilisierender Selbstausdruck; Werte schaffen, um dadurch Eigenwert zu entwickeln
Zwillinge	Verbaler Selbstausdruck; im kommunikativen Austausch mit anderen Wissen erwerben
Krebs	Emotionaler Selbstausdruck; seelische Anteilnahme, Empfindsamkeit und Fürsorge entwickeln

Löwe	Schöpferischer Selbstausdruck; durch Stärkung der individuellen Eigenart Mut zu sich selbst entwickeln
Jungfrau	Effektiver Selbstausdruck; durch optimale Nutzung persönlicher Ressourcen einer Sache dienen
Waage	Harmonischer Selbstausdruck; durch Spiegelung mit anderen Beziehungsfähigkeit entwickeln
Skorpion	Tiefgründiger Selbstausdruck; durch Verzicht und Leidensbereitschaft seelische Kraft entwickeln
Schütze	Mitreißender Selbstausdruck; durch Optimismus und Begeisterungsfähigkeit höhere Werte entwickeln
Steinbock	Disziplinierter Selbstausdruck; durch Verantwortung und Pflichtbewusstsein Tradition erhalten
Wassermann	Origineller Selbstausdruck; durch Provokation und Rebellion Toleranz und Gruppenbewusstsein entwickeln
Fische	Transparenter Selbstausdruck; durch Mitgefühl und Anpassungsfähigkeit Hilfsbereitschaft entwickeln

Die zu verwirklichende Anlage bildet die Ausgangsbasis für die Deutung des Aszendentenherrschers im Horoskop. Seine Hausstellung zeigt an, in welchen Lebensbereichen die Anlage verwirklicht werden soll. Darüber hinaus unterstützen die Ausdruckskräfte des Herrscher-Planeten die Verwirklichung der Anlage.

Wie eine Deutung des Aszendentenherrschers konkret aussehen kann, soll im Folgenden am Horoskopbeispiel von Madonna aufgezeigt werden.

Die Deutung des Aszendentenherrschers in Madonnas Horoskop

Madonnas Jungfrau-Aszendent wird von Merkur beherrscht, der sich ebenfalls in Jungfrau befindet und im zwölften Haus nahe am Aszendenten steht. Die zu verwirklichende Anlage des Jungfrau-Aszendenten besteht in einem effektiven Selbstausdruck, der durch Sachlichkeit und Anpassungsfähigkeit geprägt ist. Madonna ist eine gute Verwerterin ihrer Anlagen, die sie effektiv und ökonomisch umzusetzen weiß. Hierbei kommt ihr ein jungfrautypisches Unterscheidungsvermögen zugute, das Unnützes gleich auszusondern und Nützliches optimal zu kombinieren und einzusetzen weiß.

Bei der Verwirklichung dieser Anlagen wird sie vom Aszendentenherrscher Merkur perfekt unterstützt, da dieser ebenfalls im gleichen Zeichen wie der Aszendent und zudem noch in Konjunktion zu diesem steht. Anlage und die Möglichkeiten zur Verwirklichung der Anlage sind nahezu identisch, was Madonnas Selbstausdruck unterstützt und verstärkt. Die durch Merkur gesteuerten Wahrnehmungsprozesse richten sich auf das Erfassen von Details und unterstützen die Entfaltung des zu entwickelnden Unterscheidungsvermögens. Madonna kann daher ihre Auftritte gut planen und sich präzise und klar ausdrücken. Sie ist jederzeit in der Lage, sich verbal geschickt auszudrücken, und selten um eine nüchterne und pragmatische Antwort verlegen.

Probleme könnte ihr der jungfrautypische Zwang zur Kontrolle mit dem damit verbundenen Sicherheitsdenken bereiten, der ihrem Spontanverhalten eher kontrollierende Züge verleiht. Sobald sie dieser Facette ihres Ausdrucks zu viel Bedeutung beimisst, werden sich auch die unerlösten Seiten von Merkur in Jungfrau zeigen, und manchmal spricht sie tatsächlich »mit dem Charme einer Bedienungsanleitung« (siehe »Merkur in Jungfrau« auf S. 112) und wirkt eher spröde und steril.

Wenn Sie nochmals das Kapitel zu Merkur lesen (siehe S. 29), um zu verstehen, welchem »Planetengott« Madonna bei der Verwirklichung ihrer Anlage folgen soll, dann werden Sie sich vermutlich wundern, warum sie Schauspielerin und Sängerin geworden ist und nicht Schriftstellerin oder Talkmasterin. Sie hätte natürlich auch Postbotin werden können, was sie 1995 mit einem kleinen Auftritt in dem Film »Blue in the Face« von Paul Auster und Wayne Wang auch äußerst authentisch umgesetzt hat. Auf Rollschuhen, mit Flügeln auf dem Rücken, überbringt sie in diesem Film dem Hauptdarsteller Harvey Keitel ein Telegramm. Besser hätte sich der Götterbote Hermes/Merkur selbst nicht zurechtmachen können! Zudem schreibt sie viele ihrer Songtexte selbst, ebenfalls eine Entsprechung des Merkur-Prinzips.

Ein weiteres Beispiel zur Deutung des Aszendentenherrschers

Da die Deutung des Aszendenten zusammen mit seinem jeweiligen Herrscher nicht einfach ist, hier noch ein weiteres Beispiel:

Widder-Aszendent mit dem Aszendentenherrscher Mars in Löwe im 5. Haus:

Als Anlage ist ein kämpferischer Selbstausdruck zu verwirklichen. Mit entschlossenem Handeln sollen eigene Ziele durchgesetzt werden. Die Verwirklichung dieser Anlage erfolgt mit Mars in Löwe im 5. Haus auf höchst individuelle, persönliche und kreative Art und Weise. Der Mut, zu sich selbst zu stehen und dabei beherzt aus der eigenen Mitte heraus zu handeln, setzt Kräfte frei, die den persönlichen Selbstausdruck stärken und das Herausbilden eines eigenen, unverkennbaren Stils unterstützen.

Bei dem genannten Beispiel handelt es sich um eine Konstellation im Horoskop von Joschka Fischer. Seine Stärke begründet sich vor allem darin, dass er immer wieder die Kraft hat, sich aus sich selbst heraus neu zu erschaffen und kreativ in Szene zu setzen. Allerdings wird dieser Selbstausdruck dadurch modifiziert, dass Saturn und Pluto in Konjunktion zum Aszendentenherrscher Mars in Löwe stehen. Fischers Kraft (Mars) braucht den Widerstand (Saturn), um innerlich zu wachsen und zu reifen. Konzentrierter und effektiver Energieeinsatz sind die Stärke von Mars-Saturn-Verbindungen im Horoskop. Die Schattenseiten dieser Planetenverbindung sind Lust auf Frust und das Sich-Verbeißen in Widerstände und Hindernisse. Durch Pluto als dritten Partner in dieser Planetenstellung durchläuft Fischer immer wieder tiefe Wandlungskrisen, aus denen er erneuert und gestärkt hervorgeht. Hier haben wir den »Marathon-Mann«, der es braucht, sich immer wieder bis an seine Grenzen oder gar darüber hinaus zu fordern.

4. Deutungsschritt: Die Kombination von Zeichen- und Hausstellung eines Planeten

Ein erstes Beispiel für die Kombination von Zeichen- und Hausstellung eines Planeten haben Sie im vorigen Abschnitt anhand der Deutung des Aszendentenherrschers in Madonnas Horoskop kennen gelernt. Im folgenden Abschnitt soll diese Deutungskombination vertiefend erläutert werden.

Im ersten Teil des Buches (siehe »Die Deutung der Häuser« auf S. 149) wurde bereits das Bild von den Schauspielern erwähnt, die den Planeten entsprechen und sich über bestimmte Requisiten, Kostüme etc. (Zeichenstellung der Planeten) auf ganz bestimmten Bühnen (Häuser) ausdrücken. Anders formuliert lässt sich dieses Bild in der »Was-Wie-Wo-Regel« zusammenfassen:

Planeten – Was soll ausgedrückt werden?
Zeichen – Wie kann es umgesetzt werden?
Häuser – Wo kann es verwirklicht werden?

Leider werden diese unterschiedlichen Bezugsebenen bei der Deutung der Zeichen- und Hausstellung der Planeten immer wieder in einen Topf geworfen und verwischt (z. B. Widder = Mars = 1. Haus). Natürlich gibt es inhaltliche Parallelen zwischen diesen drei Deutungsebenen, aber eine vertiefte Horoskopdeutung ist mit dieser Vereinfachung nicht zu erreichen. Sie werden diesen Unterschied gleich an einigen Deutungsbeispielen zu Madonnas Horoskop näher kennen lernen.

Übungsbeispiele zur Kombination von Planeten, Zeichen und Häusern

1. Übungsbeispiel: Mars in Stier im 9. Haus

Zur eigenständigen Deutung dieser Konstellation aus Madonnas Horoskop können Sie folgendermaßen vorgehen:

Lesen Sie im ersten Teil des Buches nochmals nach, was Mars in uns bewegt (S. 36), damit Sie eine Vorstellung davon haben, welche Anliegen Mars im Leben eines Menschen zum Ausdruck bringen möchte. Vermutlich werden einige Deutungsstichworte in Ihrem Gedächtnis hängen geblieben sein, wie etwa Selbstdurchsetzung, Aggression, Sexualität etc. Sie wissen also, mit welcher Kraft Sie es bei Mars zu tun haben. Egal, in welchem Zeichen und Haus dieser Mars sich im Horoskop befindet – Mars bleibt Mars. Dies sollten Sie bei der Deutung nicht vergessen. Wie Sie am Beispiel Helmut Kohls gesehen haben (siehe S. 215), bleibt Mars auch im durchlässigen und ausweichenden Fischezeichen immer noch eine Kraft, die sich durchsetzen möchte, mit den Mitteln, die das entsprechende Zeichen eben zur Verfügung stellt.

Madonnas Mars steht in Stier. Lesen Sie dazu nochmals unter »Allgemeine Tendenzen« im Kapitel »Planeten in Stier« (S. 97) nach, welche generelle Färbung Planeten in diesem Zeichen erfahren. Sie können natürlich auch gleich unter »Mars in Stier« nachschlagen, aber damit beschneiden Sie Ihre Möglichkeiten, selbst zu kreativen Deutungen zu gelangen. Vielleicht haben Sie sich beim Nachlesen gemerkt, dass Planeten in Stier folgende Färbungen annehmen: Sie werden ruhig, geduldig und gemütlich, manchmal besitzergreifend, lustbetont und den angenehmen Seiten des Lebens nicht abgeneigt. Versuchen Sie nun eigenständige Deutungskombinationen zu Mars in Stier, bevor Sie weiterlesen.

Vielleicht sind Sie zu ganz anderen oder weiterführenden Deutungen gelangt als zu den unter »Mars in Stier« im ersten Teil des Buches aufgeführten. Die Astrologie nimmt das Gesicht dessen an, der sie anblickt. Fassen Sie Mut zu eigenständigen Deutungen, und notieren Sie diese, bevor Sie sich der Deutung der Hausstellung von Madonnas Stier-Mars zuwenden.

Mars steht in Madonnas Horoskop im neunten Haus. Lesen Sie dazu nochmals das entsprechende Kapitel auf S. 163 im ersten Teil des Buches durch. Nachdem Sie sich so eine Vorstellung von den Verwirklichungsebenen des neunten Hauses gemacht haben, können Sie sich nun überlegen, in welchen Lebensbereichen die Marsenergie in Madonnas Leben zum Ausdruck kommt. Kombinieren Sie dazu die Stichworte, die Ihnen im Gedächtnis geblieben sind, und beachten Sie die »Was-Wie-Wo-Regel«.

Abschließend nun einige der möglichen Deutungskombinationen zur Marsstellung in Madonnas Horoskop:

Die Durchsetzung eigener Interessen (Mars) erfolgt bedächtig und langsam, dafür mit Ausdauer (Stier), und wird zur persönlichen Horizonterweiterung, zur Beantwortung von Sinnfragen und dem Ausdruck persönlicher Überzeugungen (9. Haus) eingesetzt. In der Sexualität (Mars) ist sie lustbetont (Stier) und für horizonterweiternde Erfahrungen (9. Haus) offen. Sie findet Männer erotisch (Mars), die eine starke Sinnlichkeit ausstrahlen (Stier) und aus einem anderen Kulturkreis bzw. dem Ausland stammen (9. Haus). Weite Reisen (9. Haus) stärken ihre Energie und Tatkraft (Mars), die sie gerne möglichst konkret und praktisch verwirklichen möchte (Stier).

Die beschriebenen Phasen bei der Deutungskombination von Planeten, Zeichen und Häusern ermöglichen es Ihnen, zu eigenständigen und kreativen Deutungsaussagen zu gelangen. Wichtig ist, dass Ihnen das prinzipielle Vorgehen bei der Deutungskombination klar geworden ist. In der Regel werden Sie natürlich versucht sein, diesen Weg abzukürzen und die in diesem (oder einem anderen) Buch gegebenen Deutungstexte direkt nachzulesen. Ein solches Vorgehen ist gerade am Anfang natürlich nicht falsch, kann jedoch längerfristig Ihren ganz persönlichen Deutungsstil »verderben«, da Sie stets das Deutungswissen anderer in sich aufnehmen und wiedergeben. Wenn Sie wie weiter oben beschrieben verfahren, werden Sie mit der Zeit die Grundelemente der Astrologie immer besser durchdringen und selbst zu Deutungsaussagen kombinieren können.

Sie können sich auch eigene Stichwortlisten zu den einzelnen Planeten, Zeichen und Häusern zusammenstellen und diese dann entsprechend der »Was-Wie-Wo-Regel« kombinieren. Ein solches Vorgehen wird im folgenden an einem weiteren Beispiel aus Madonnas Horoskop erläutert.

2. Übungsbeispiel: Venus in Löwe im elften Haus

Lesen Sie zunächst, wie beim ersten Übungsbeispiel erläutert, die einzelnen Passagen zu »Was Venus in uns bewegt« (S. 32), »Planeten in Löwe« (S. 107) und »Elftes Haus« (S. 165) nochmals durch. Machen Sie sich dabei eigene Notizen mit Stichworten, die Ihnen zu den jeweiligen Deutungsebenen einfallen. Diese Listen könnten beispielsweise folgendermaßen aussehen:

Venus: Liebe und Zuneigung ausdrücken; Schönheit und Harmonie schaffen; inneres Gleichgewicht finden; Weiblichkeit zeigen; sich verwöhnen lassen etc.

Löwe: alles persönlich nehmen; im Mittelpunkt stehen wollen; spielerisch und kreativ sein; selbstbewusst und stark sein; Publikum bzw. Aufmerksamkeit brauchen; Hang zu dramatischen Inszenierungen etc.

Elftes Haus: Zusammenarbeit mit Gleichgesinnten; Freunde finden; Teamarbeit mit anderen; Gruppenaktivitäten; Zeitgeist.

Anhand dieser Stichwortlisten, die lediglich einen kleinen Ausschnitt aus dem gesamten Deutungsspektrum darstellen, können Sie nun wiederum Deutungsaussagen nach der »Was-Wie-Wo-Regel« formulieren:

Madonna zeigt ihre weiblichen Seiten (Was) auf eine selbstbewusste und starke Weise (Wie) im Kreise von Gleichgesinnten (Wo). Sie drückt Liebe und Zuneigung (Was) auf eine spielerische und kreative Weise aus (Wie) und verliebt sich gerne in Personen aus ihrem Freundeskreis (Wo). Sie liebt dramatische Auftritte, zeigt ihre Weiblichkeit gerne vor großem Publikum (Venus in Löwe) und verkörpert dabei den jeweiligen Zeitgeist (11. Haus).

Vielleicht können Sie jetzt verstehen, warum Madonna in den 80er-Jahren zu einem Sexsymbol à la Marilyn Monroe avancierte und sich offen zu ihrer extravaganten Sexualität bekennt.

Sammeln Sie weitere Erfahrungen mit diesen Deutungskombinationen, indem Sie sich die folgenden Deutungsfaktoren aus Madonnas Horoskop eigenständig erschließen:

3. Übungsbeispiel: Jupiter in Waage im zweiten Haus
Lesen Sie diesen Abschnitt erst dann durch, wenn Sie sich bereits eigene Deutungen anhand des bislang beschriebenen Vorgehens erarbeitet haben. Nachfolgend, wiederum als Beispiel, mögliche Stichwortlisten zu den Deutungsfaktoren:

Jupiter: eigene Möglichkeiten ausschöpfen; innerlich wachsen; Optimismus und Zuversicht ausdrücken; Vertrauen entwickeln etc.

Waage: beziehungsbezogen; liebenswürdig; unentschlossen; vermeiden von Einseitigkeiten; diplomatisch; Entscheidungsprobleme etc.

2. Haus: Existenzsicherung; Verhältnis zu Geld und Besitz; Werte; Reviersicherung; Selbstwert etc.

Mögliche Deutungsaussagen: Madonna vertraut darauf (Jupiter), dass ihr Bankkonto (2. Haus) trotz gewisser Schwankungen stets ausgeglichen ist (Waage). Sie misst ihrem ausgeprägten Gerechtigkeitsempfinden sowie Harmonie und Schönheit (Jupiter in Waage) viel Wert bei (2. Haus). In Geldangelegenheiten (2. Haus) drückt sie auf diplomatische Weise (Waage) Zuversicht und Optimismus (Jupiter) aus.

Probieren Sie selbst noch weitere Deutungskombinationen aus.

5. Deutungsschritt: Die Hauptfaktoren Sonne, Mond und Aszendent

Obwohl in einem Horoskop alle Deutungsfaktoren wichtig sind, lassen sich bereits anhand von Sonne, Mond und Aszendent typische Merkmale einer Person sowie wesentliche Facetten ihrer Persönlichkeit auf einen Blick erfassen.

Da Sie die Deutungsebenen des Aszendenten bereits ausführlich kennen gelernt haben, brauchen Sie lediglich die Deutungsebene von Sonne und Mond hinzuzunehmen, um zu einer kombinierten Deutung zu gelangen. Lesen Sie dazu nochmals die entsprechenden Kapitel im ersten Teil des Buches durch (»Sonne«, S. 23, »Mond«, S. 26).

Die Deutungskombination von Sonne, Mond und Aszendent ermöglicht Aussagen über
- die unserer Persönlichkeit (Sonne) zur Verfügung stehenden Ausdrucksmöglichkeiten (Aszendent) zur Verwirklichung seelischer Bedürfnisse (Mond),
- das Verhältnis zwischen dem Bild, das wir von uns selbst haben (Sonne), dem äußeren Eindruck, den wir erwecken (Aszendent), und dem, wie wir uns innerlich dabei fühlen (Mond),
- die Dreiheit bzw. Einheit von Körper (Aszendent), Geist (Sonne) und Seele (Mond),
- die Möglichkeiten, die uns zur Verfügung stehen, um unsere Bedürfnisse nach Intimität, Nähe und seelischer Geborgenheit (Mond) so zum Ausdruck zu bringen (Aszendent), dass wir uns dazu bekennen können (Sonne),
- die Wesenskräfte (Sonne), die wir zur Verwirklichung unserer Anlage (Aszendent) und unserer Bedürfnisse (Mond) einsetzen können.

Das Vorgehen bei der schrittweisen Deutung von Sonne, Mond und Aszendent wird im folgenden Abschnitt an Madonnas Horoskop illustriert.

Die Deutungskombination von Sonne, Mond und Aszendent in Madonnas Horoskop

Madonna erlebt sich innerlich eine Nummer größer (Löwe-Sonne), als sie nach außen hin wirkt (Jungfrau-Aszendent). Ihr Auftreten ist perfekt und kontrolliert (Jungfrau-Aszendent), dennoch fürsorglich und voller Anteilnahme (Mond in Jungfrau Konjunktion Aszendent). Trotz einer gewissen Kühle (Aszendent Jungfrau) ist ihre Herzlichkeit (Löwe-Sonne) und eine besondere Fürsorglichkeit zu spüren (Jungfrau-Mond). Obwohl sie spontan eher emotional reagiert (Mond Konjunktion Aszendent), hat sie sich stets in der Hand (Aszendent und Mond in Jungfrau), was ihren kreativen Selbstausdruck (Löwe-Sonne) teilweise beschneiden kann. Sie drückt ihre Gefühle zwar vorsichtig, aber direkt und unvermittelt aus (Mond Konjunktion Aszendent) und wirkt dadurch verletzlicher, als es ihrer inneren Stärke (Löwe-Sonne) entspricht. Ihr Mut zu sich selbst (Löwe-Sonne) hilft ihr, sich gegebenenfalls anzupassen (Jungfrau-Aszendent) und ihre seelischen Bedürfnisse direkt und effektiv auszudrücken (Jungfrau-Mond Konjunktion Aszendent).

Wie diese Deutungsaussagen zustande gekommen sind, ist jeweils in Klammern mit aufgeführt. Versuchen Sie nun anhand Ihres eigenen Horoskops zu einer integrierten Deutung von Sonne, Mond und Aszendent zu gelangen. Sollten Sie den Eindruck haben, dass Ihre Deutungen aus dem Horoskop nicht mit dem übereinstimmen, wie Sie sich selbst sehen, dann machen Sie sich klar, dass Mond und Aszendent zwei Horoskopfaktoren sind, derer wir uns manchmal erst bewusst werden müssen, bevor wir sie verstehen. Fragen Sie gegebenenfalls gute Freunde, inwieweit diese mit Ihren Deutungen etwas anfangen können.

6. Deutungsschritt: Maximal bedeutsame Planeten

Bei diesem Deutungsschritt geht es darum, die Stellung der Planeten in den Häusern zu gewichten. Als maximal bedeutsam gelten Planeten, die an den Hauptachsen des Horoskops oder im Aspekt zu ihnen stehen. Des Weiteren gelten Planeten in den so genannten Eckhäusern (erstes, viertes, siebtes und zehntes Haus) als stark gestellt. Das grundsätzliche Vorgehen bei der Bestimmung von maximal bedeutsamen bzw. stark gestellten Planeten wird im Folgenden an Madonnas Horoskop illustriert.

Maximal bedeutsame Planeten in Madonnas Horoskop

In Madonnas Horoskop (siehe Abb. auf S. 200) liegen folgende Planetenverbindungen zu den Horoskopachsen bzw. Eckhäusern vor:

Planet	Aspekt	Achse/Eckhaus	Orbis in Grad
Merkur	Konjunktion	AC	2°34'
Merkur	Quadrat	MC	1°54'
Pluto	Quadrat	MC	1°58'
Mond	Konjunktion	AC	3°20'
Venus	Sextil	MC	3°13'
Mars	Trigon	AC	5'10'
Mond	steht im	1. Haus	
Saturn	steht im	4. Haus	

Anhand dieser Tabelle kann nun eine Gewichtung der Bedeutsamkeit der Planeten vorgenommen werden. Dabei gilt die Konjunktion eines Planeten mit den Horoskopachsen als wichtigster Faktor, gefolgt von den Spannungsaspekten Quadrat und Opposition sowie den harmonisierenden Aspekten Sextil und Trigon. Ein weiterer Gewichtungsfaktor ist der jeweilige Orbis, der in der Tabelle ebenfalls mit aufgeführt ist. In Madonnas Horoskop ist Merkur der maximal bedeutsamste Planet, da er sowohl zum AC als auch zum MC einen Aspekt bildet, gefolgt von Mond, der sowohl in Konjunktion zum AC als auch in einem Eckhaus steht, sowie Pluto, der ein Quadrat zur MC/IC-Achse bildet. Venus und Mars stehen in der Rangfolge an dritter und vierter Stelle, da sie einen Achsenbezug aufweisen, gefolgt von Saturn, der zwar in einem Eckhaus steht, jedoch keinen Aspekt zu einer Horoskopachse bildet.

Bei der Deutung von Madonnas Horoskop sind daher vor allem Merkur, Mond und Pluto besonders zu berücksichtigen. Da Merkur gleichzeitig der Aszendentenherrscher ist (siehe auch S. 214), kann er als wichtigster Planet in Madonnas Horoskop betrachtet werden. Bei der Deutung des Horoskops spielt daher dieser Planet eine besondere Rolle.

Maximal bedeutsame Planeten im eigenen Horoskop

Sie können nun Ihr eigenes Horoskop in der beschriebenen Weise auswerten, um eine Rangliste der maximal bedeutsamen Planeten zu erstellen. Dabei kann es vorkommen, dass nicht immer eindeutig festzustellen ist, welcher Platz welchem Planeten in der Rangfolge zukommt, da eventuell mehrere gleichwertige Faktoren vorliegen. In diesem Fall sind entweder mehrere Planeten gleich bedeutsam, oder Sie können anhand weiterer Kriterien (z. B. Herrscherzuordnung) doch eine Rangfolge festlegen. In Madonnas Horoskop ist dies bei Merkur der Fall, der gleichzeitig Aszendentenherrscher ist.

Ein weiterer Gewichtungsfaktor ergibt sich aus der Stellung

eines Planeten innerhalb eines Hauses: Steht er an der Spitze des Hauses, gilt er als stärker gestellt als in der Mitte oder gegen Ende eines Hauses. In Madonnas Horoskop steht z. B. Neptun an der Spitze des dritten Hauses (siehe Horoskopabbildung auf S. 200) und ist somit stärker gestellt als Jupiter, der sich fast am Ende des zweiten Hauses befindet. Zu berücksichtigen ist jedoch, dass ein Planet am Ende eines Hauses ab einem Orbis von fünf Grad zusätzlich zu den Themen des Hauses, in dem er sich befindet, auch in Zusammenhang mit den Themen des folgenden Hauses gedeutet werden kann. In Madonnas Horoskop wäre Jupiter demnach sowohl im zweiten als auch im dritten Haus zu deuten.

Zur Deutung der maximal bedeutsamen Planeten lesen Sie den jeweiligen Planetentext und den zugehörigen Fragebogen im ersten Teil des Buches nach.

7. Deutungsschritt: Aspektverbindungen zwischen Planeten

Aspekte beschreiben den Energiefluss im Horoskop. Wenn zwei Planeten einen Aspekt zueinander bilden, gehen die von den Planeten symbolisierten Ausdruckskräfte eine Verbindung ein. Die Art des Aspekts lässt erkennen, ob »die Chemie stimmt«, die Verbindung demnach harmonischer Natur ist oder eher Spannungen und Konflikte mit sich bringt (siehe auch »Die Aspekte« auf S. 169).

Die Deutung von Aspektverbindungen zwischen Planeten im Horoskop ist komplexer Natur, da neben der Zeichen- und Hausstellung der beteiligten Planeten auch noch die Aspektart (Konjunktion, Quadrat, etc.) in die Deutung mit einbezogen werden muss.

Hierzu ein Beispiel aus Madonnas Horoskop:

Mars in Stier im neunten Haus im Quadrat zu Uranus in Löwe im zwölften Haus:

Dieser Aspekt verbindet den individuellen Selbstbehauptungswillen (Mars) mit dem Bedürfnis nach Freiheit und Unabhängigkeit (Uranus). Uranus in Löwe stellt einen Generationsaspekt dar (siehe S. 58), der zu einer Rebellion gegen Autoritäten und zur Befreiung aus den Fesseln persönlicher Identifikationen auffordert. Im zwölften Haus sind diese Befreiungsakte vorwiegend unbewusst gesteuert und brechen daher unvermittelt und plötzlich aus.

Wie Mars in Stier im neunten Haus zu deuten ist, haben Sie bereits beim vierten Deutungsschritt erfahren (siehe S. 217). Was bedeutet nun der Quadrataspekt zwischen beiden Planeten? Quadrate fordern dazu heraus, sich dem Konflikt zwischen zwei verschiedenen Ausdruckskräften im Horoskop zu stellen und die problematischen Seiten dieser Verbindung zu erkennen und auszudrücken (siehe »Das Quadrat« auf S. 172).

Im Falle unseres Beispiels bedeutet dies, dass Madonna bei der Durchsetzung ihrer Ziele zwar ausdauernd und bedächtig vorzugehen vermag (Mars in Stier), zwischendurch jedoch immer wieder überraschende und plötzliche persönliche Wendungen vollzieht (Uranus in Löwe), mit denen niemand (sie selbst eingeschlossen) gerechnet hat. Auf die Sexualität bezogen symbolisiert dieser Aspekt, dass Madonna zwar zuverlässige und sinnliche Liebhaber zu schätzen weiß (Mars in Stier), sie selbst jedoch genügend persönlichen Freiraum und Unabhängigkeit braucht (Uranus in Löwe) und unter Umständen schnell die Lust verlieren kann oder immer wieder Abwechslung sucht. Der Aspekt deutet auch auf einen unkonventionellen (Uranus) sexuellen Ausdruck (Mars) hin. (Madonna bekennt sich z. B. öffentlich zu ihrer Bisexualität.) Sie kann ihre sinnliche Kraft und Stärke (Mars in Stier) besonders dann gut einsetzen, wenn sie dabei auch unkonventionell und sprunghaft vorgehen und handeln kann (Uranus in Löwe). Ein Quadrataspekt zwischen Mars und Uranus zeigt auch eine gewisse Unfallgefährdung an.

Durch diesen Aspekt werden auch die Lebensbühnen des neunten und zwölften Hauses miteinander verbunden. Eine vereinfachte Deutung dieser Verbindung könnte zu der Aussage führen, dass sie heimlich (12. Haus) mit Männern aus anderen Kulturkreisen (Mars im neunten Haus) fremdgeht (Quadrat Uranus). Eine anspruchsvollere Deutung wäre, dass sie durch Rückzug und Selbstbesinnung (12. Haus) individuelle Freiräume (Uranus in Löwe) schaffen kann, die sie zum nachhaltigen und friedlichen Ausdruck (Mars in Stier) eigener Überzeugungen und Weltanschauungen (9. Haus) einsetzen kann.

Dieses Beispiel soll zeigen, dass das individuelle Niveau, auf dem eine Anlage zum Ausdruck kommen kann, nicht aus dem Horoskop zu entnehmen ist. Hier liegt eine eindeutige Aussagegrenze vor, auf die Thomas Ring in seinen Werken (siehe Literaturempfehlungen im Anhang auf S. 251) immer wieder hingewiesen hat.

Deutungsübungen zu den Aspektverbindungen im eigenen Horoskop

Versuchen Sie nun anhand des soeben skizzierten Vorgehens zu eigenständigen Deutungen der folgenden Aspektverbindungen aus Madonnas Horoskop zu gelangen.

1. Deutungsübung: Sonne in Löwe im zwölften Haus im Trigon zu Saturn in Schütze im vierten Haus:

Lesen Sie zunächst wieder die grundlegende Bedeutung von Sonne, Saturn und Trigon im ersten Teil des Buches nach. Erstellen Sie zu jedem Faktor eine Stichwortliste. Kombinieren Sie nun die Deutungsstichworte zu inhaltlichen Aussagen. Beachten

Sie dabei, dass die Art des Aspekts lediglich die Verbindung zweier Ausdruckskräfte beschreibt. Formulieren Sie zunächst möglichst einfache Deutungssätze, etwa: Struktur und Disziplin (Saturn) unterstützen (Trigon) die Persönlichkeitsentfaltung (Sonne). Nehmen Sie in einem zweiten Deutungsschritt die Zeichenstellung der Planeten mit dazu, z. B.: Die kreative und schöpferische Selbstdarstellung (Sonne in Löwe) wird durch den überzeugenden Ausdruck eigener Anschauungen (Saturn in Schütze) unterstützt (Trigon). Berücksichtigen Sie in einem letzten Deutungsschritt noch die Ebene der Häuser, etwa: Die Verwurzelung in Familie, Heimat und Tradition (Saturn im 4. Haus) unterstützt (Trigon) die Entfaltung der Persönlichkeit in einem kollektiven Rahmen (Sonne im 12. Haus).

2. Deutungsübung: Sonne in Löwe im zwölften Haus in Opposition zu Chiron im sechsten Haus:

Verfahren Sie wie bei der ersten Übung. Da Sie die Deutung der Sonne schon kennen gelernt haben, brauchen Sie sich lediglich die Deutung von Chiron zu erarbeiten und diese dann über die Art der Aspektverbindung (Opposition) mit der Sonne zu kombinieren. Mögliche Stichworte zum Oppositionsaspekt können Sie aus dem entsprechenden Kapitel im ersten Teil des Buches ableiten (siehe »Die Opposition« auf S. 174).

Erste Deutungsebene: Die Persönlichkeitsentfaltung (Sonne) bedarf der bewussten Auseinandersetzung (Opposition) mit Wunden und Verletzungen (Chiron). Zweite Deutungsebene: Die kreative und schöpferische Selbstdarstellung (Sonne in Löwe) wird durch das Erkennen von gemeinsamen Verletzungen mit anderen (Chiron in Wassermann) ergänzt (Opposition). Dritte Deutungsebene: Störungen im alltäglichen Lebensrhythmus (6. Haus), die mit Verletzungen zusammenhängen (Chiron), können durch zeitweiligen Rückzug und Innenschau (12. Haus) bewusst (Sonne) und dann entsprechend integriert werden.

Versuchen Sie nun selbst, weitere Aspektverbindungen im Horoskop von Madonna oder in Ihrem eigenen Horoskop anhand der beschriebenen Vorgehensweise zu deuten.

Weitere Möglichkeiten zum Einstieg in die Horoskopdeutung

Die anhand der sieben Deutungsschritte aufgezeigten Möglichkeiten zu einem Einstieg in die Horoskopdeutung stellen lediglich eine subjektive Auswahl dar, die sich in unseren Ausbildungskursen am Astrologie Zentrum Berlin für Einsteiger immer wieder als wertvoll und nützlich erwiesen haben. Es gibt jedoch zahlreiche weitere Einstiegsvarianten. Besonders ergiebig ist beispielsweise auch der thematische Einstieg ins Horoskop anhand konkreter Lebensfragen. Wird z. B. eine Frage zu Arbeit und Beruf gestellt, dann kann diese anhand der Themen des sechsten und zehnten Hauses, der entsprechenden Häuserherrscher (Planetenherrscher des Zeichens an der Hausspitze), des MC etc. beantwortet werden. Sind Liebesangelegenheiten angesprochen, spielen Venus und Mars, das fünfte, siebte und achte Haus sowie Sonne und Mond eine wichtige Rolle. Es würde jedoch den Rahmen dieses Einsteigerbuches sprengen, darauf ausführlicher einzugehen.

Abschließende Betrachtungen

Dieses Buch enthält viele Anregungen zur Auseinandersetzung mit dem eigenen Horoskop. Sie können dadurch selbst überprüfen, was Astrologie Ihnen zu geben vermag und inwieweit Sie durch astrologisches Wissen sich selbst besser verstehen und Ihr Leben gestalten können. Auf der Grundlage Ihrer persönlichen Erfahrungen werden Sie Ihr erworbenes Wissen dann auch zur Deutung weiterer Horoskope sinnvoll einsetzen können.

Dritter Teil

Die Grundlagen der Horoskopberechnung

Aufbau und Struktur des Horoskops

Ein Horoskop bildet die räumlichen und zeitlichen Verhältnisse der Planeten unseres Sonnensystems zum Zeitpunkt einer Geburt oder eines anderen Ereignisses bezogen auf einen bestimmten Ort auf der Erde ab. Es setzt sich aus mehreren Grundbausteinen zusammen, die jeweils unterschiedliche Deutungsebenen symbolisieren.

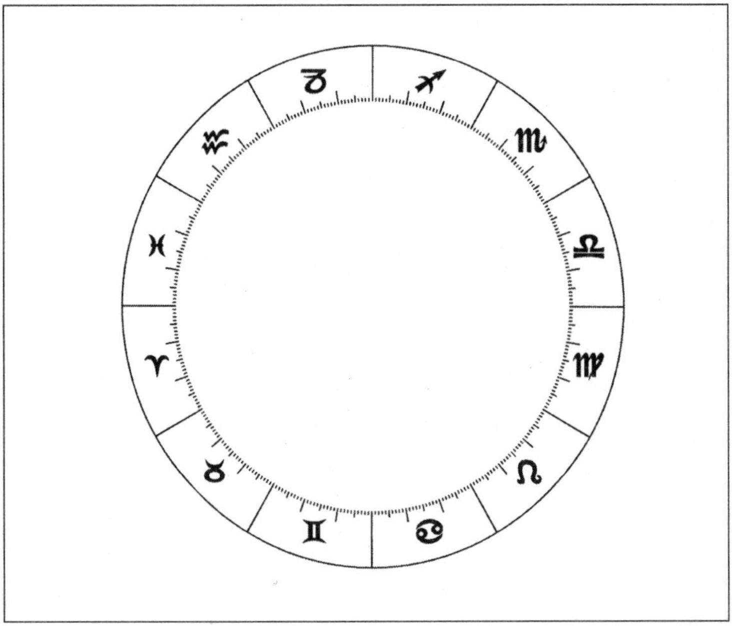

Abb. 8: »Die Ekliptik mit den zwölf Tierkreiszeichen«

Die Grundlage eines Horoskops bildet die Ekliptik, deren zwölf jeweils 30° große Abschnitte als Tierkreiszeichen bezeichnet werden und nicht mit den gleichnamigen Sternbildern am Himmel verwechselt werden dürfen.

Die Bewegungen der Planeten werden auf der Ebene der Ekliptik gemessen. Die ekliptikalen Positionen der Planeten lassen sich jederzeit exakt bestimmen und sind in den so genannten Ephemeriden für jeden Tag aufgeführt.

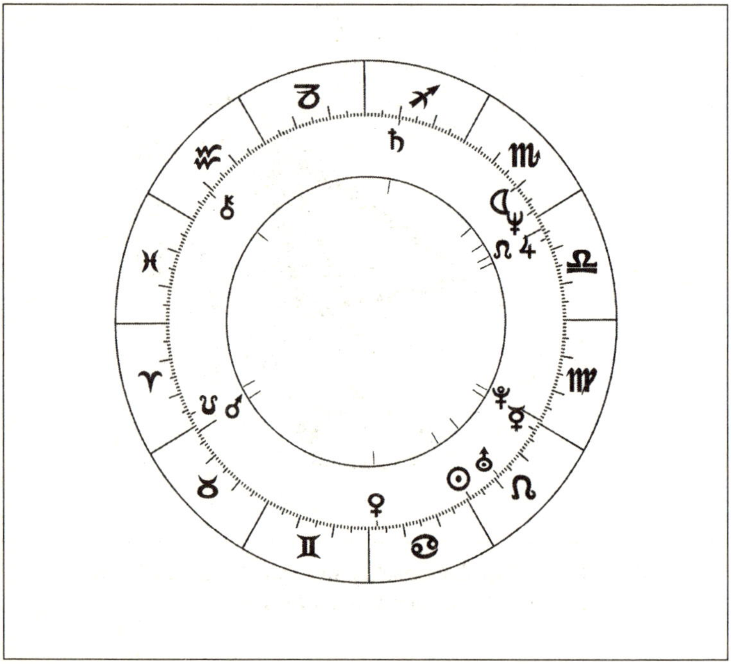

Abb. 9: »Die Position der Planeten innerhalb der zwölf Tierkreiszeichen der Ekliptik. Abgebildet ist die Tageskonstellation am 24. 7. 1958«

Die Tageskonstellation der Planeten ergibt sich aus ihrer Bewegung um die Sonne aus geozentrischer Sicht. Ihre Berechnung erfolgt daher bezogen auf die Erde. Hierbei entstehen bestimmte Verhältnisse der Planeten zueinander, die als Aspekte bezeichnet werden (siehe auch »Die Aspekte« auf S. 169). Diese Aspekte werden ebenfalls in das Horoskop eingezeichnet.

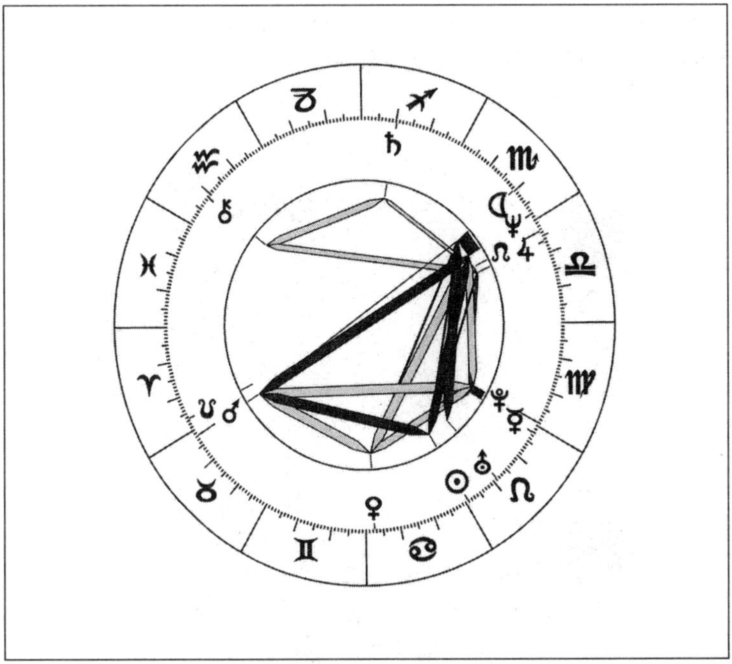

Abb. 10: »Die Tageskonstellation der Planeten am 24. 7. 1958 mit den Aspekten der Planeten«

Da eine Geburt zu einem bestimmten Zeitpunkt an einem bestimmten Ort auf der Erde erfolgt, werden nun diese räumlichen und zeitlichen Verhältnisse ebenfalls ins Horoskop eingezeichnet. Hieraus ergeben sich die Horoskopachsen und Häuser (siehe auch S. 137).

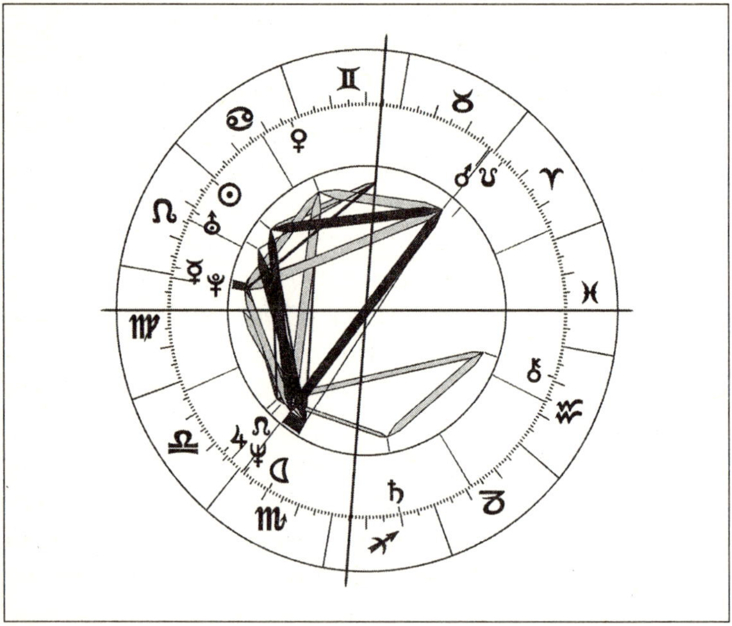

Abb. 11: »Die Tageskonstellation der Planeten am 24. 7. 1958, um 8.38 Uhr MFZ in Lörrach (7E40, 47N37)

In Abb. 11 sind nun alle Grundbausteine des Horoskops eingezeichnet. Diese vollständige Horoskopzeichnung bildet die Grundlage für die Deutung des Horoskops. In ihr sind alle Deutungsfaktoren wie Planeten, Tierkreiszeichen, Horoskopachsen, Häuser und Aspekte enthalten. Im folgenden Abschnitt wird nun die Berechnung des Horoskops schrittweise erläutert.

Die Berechnung des Horoskops

Hilfsmittel zur Horoskopberechnung

Zur Berechnung eines Horoskops brauchen Sie eine Ephemeride, eine Häusertabelle, einen Atlas und einen Taschenrechner.

Ephemeriden sind Tabellenwerke, in denen die genauen Positionen der Planeten für jeden Tag aufgeführt sind. In den meisten Ephemeriden werden die Mitternachtsstände der Planeten angegeben, manche beziehen sich auch auf die Mittagsstände der Planeten. Weit verbreitet sind die *Rosenkreuzer-Ephemeriden*, die für die Zeiträume 1900–2000 sowie 2001–2050 erhältlich sind. Für die nachfolgenden Berechnungsbeispiele wurden die *New International Ephemerides, 1900–2050* von Editions St. Michel verwendet, da diese Ephemeride auch die Positionen Chirons enthält, die in den *Rosenkreuzer-Ephemeriden* nicht aufgeführt sind.

Häusertabellen dienen der Bestimmung der Horoskopachsen und Häuserspitzen. Gebräuchlich sind die so genannten Koch-Häusertabellen nach dem GOH-System sowie die globalen Häusertabellen nach Placidus. Zur Problematik der verschiedenen Häusersysteme finden Sie unter »Wie die Horoskopachsen, Quadranten und Häuser zustande kommen« auf S. 138 weitere Hinweise. Den folgenden Beispielberechnungen liegt die Häusertabelle nach Placidus zugrunde.

Ihr Taschenrechner sollte Berechungen mit Grad- und Minutenwerten erlauben, damit Sie diese nicht jedes Mal in Dezimalwerte umwandeln müssen. An mathematischen Grundkenntnissen genügt die Beherrschung einfacher Dreisatzrechnungen.

Zur Bestimmung der geographischen Längen- und Breitenwerte von Geburtsorten können Sie entweder Atlanten verwenden oder diese in dem Buch *Die Geographischen Positionen*

Europas von Grimm, Hoffmann, Ebertin & Puettjer, erschienen im Ebertin-Verlag, nachschlagen. Ein Ergänzungsband mit den Positionen aller größeren Orte in den neuen Bundesländern und Berlin von Schubert-Weller & Bittner ist ebenfalls im Ebertin-Verlag erhältlich. Ein umfangreiches Nachschlagewerk für den professionellen Gebrauch sind die zwei Bände des ACS-Verlags *American Atlas* und *International Atlas* von Thomas Shanks, die neben den geographischen Positionen von Städten aus allen Ländern der Erde auch Zonen- und Sommerzeitangaben enthalten. Mittlerweile sind auch Computerprogramme verfügbar, mit denen sich teilweise bis zu 220 000 Orte abrufen lassen. Einen guten Überblick dazu gibt das Sonderheft *Astrologie und Computer* der astrologischen Fachzeitschrift *Meridian*, das im Ebertin-Verlag erscheint und in regelmäßigen Abständen neu überarbeitet und ergänzt wird.

Die Ermittlung der exakten Geburtszeit

Ohne eine genaue Geburtszeit ist die Berechnung eines Horoskops nicht möglich. In Deutschland werden seit etwa 1880 die Geburtszeiten von den Standesämtern erfasst. Dort können Sie also Ihre genaue Geburtszeit erfragen. Angaben von Müttern sind nicht immer zuverlässig und können in manchen Fällen von der standesamtlichen Geburtszeit abweichen. Erfragen Sie daher unbedingt Ihre genaue Geburtszeit beim zuständigen Standesamt Ihres Geburtsortes. Eine hilfreiche Adresse für Auskünfte über Geburtszeiten aus den ehemaligen deutschen Gebieten (jetzt Polen) ist das Berliner Standesamt I, Rückerstr. 9, 10 119 Berlin, Tel. 030–21740.

Beispiel für eine Horoskopberechnung

Dem nachstehend aufgeführten Berechnungsbeispiel liegen folgende Daten zugrunde:

Geburtstag: 24. Juli 1958
Geburtszeit: 8.38 Uhr (Mitteleuropäische Zeit)
Geburtsort: Lörrach (7°40' östl. Länge, 47°37' nördl. Breite)

Da sämtliche Angaben in den Ephemeriden auf Greenwich-Zeit (GMT oder Universal Time = UT) beruhen, ist in einem ersten Berechnungsschritt die Geburtszeit in Greenwich-Zeit (GMT) umzurechnen. Von der angegebenen Mitteleuropäischen Zeit (MEZ) ist daher eine Stunde abzuziehen. Geburtszeitangaben in Deutschland aus den Jahren 1916–1918, 1940–1949 und ab 1981 können auch auf Sommerzeit beruhen. In diesem Fall sind von der Sommerzeitangabe zwei Stunden abzuziehen. Genaue Angaben über die Sommerzeitregelungen in Deutschland können dem bereits erwähnten Buch *Die geographischen Positionen Europas* entnommen werden. Bei Geburten westlich des nullten Längengrades von Greenwich, etwa in New York, sind von der entsprechenden Zonenzeit (Eastern Standard Time = EST) fünf Stunden zur Geburtszeit hinzuzählen, um die Greenwich Zeit zu erhalten. Genaue Angaben über die verschiedenen Zeitzonen der Erde sind aus Atlanten oder den beiden oben aufgeführten Werken von Thomas Shanks zu entnehmen.

Die Berechnung der lokalen Sternzeit der Geburt

Um aus den Häusertabellen die Horoskopachsen und Häuserspitzen entnehmen zu können, sind der Geburtstag und die Geburtszeit in die lokale Sternzeit der Geburt (= Siderische Zeit) umzurechnen. Gehen Sie dabei folgendermaßen vor:

	Std.	Min.	Sek.
Geburtszeit in Greenwich-Zeit	7	38	
+ Sternzeit am Tag der Geburt	20	04	51
+ Sternzeit-Korrektur		1	17
+ Längengrad des Geburtsortes in Zeit		30	40
= Zwischensumme	28	14	48
– 24 Stunden	24	00	00
= lokale Sternzeit der Geburt	4	14	48

Erläuterungen:

Die Sternzeit am Tag der Geburt ist in den Ephemeriden unter dem entsprechenden Geburtsdatum unter »S. T« (= Sidereal Time) aufgeführt. In den *New International Ephemerides* finden Sie diesen Wert in der ersten Spalte neben dem Geburtstag.

Die Sternzeit muss korrigiert werden, weil in den Ephemeriden lediglich die Sternzeit um Mitternacht angegeben ist, die Geburt jedoch im Laufe des Tages erfolgte, womit die Sternzeit wieder etwas weiter fortgeschritten ist. Zu berechnen ist nun der Wert, der dem Fortschreiten der Sternzeit von Mitternacht bis zur Greenwich-Zeit der Geburt entspricht. Da die Sternzeit täglich knapp 4 Minuten fortschreitet, entspricht 1 Stunde am Tag einem Wert von 10 Sekunden. Bezogen auf die Greenwich-Zeit der Geburt um 7.38 Uhr beträgt der Korrekturwert der Sternzeit daher 77 Sekunden.

Die Umwandlung des Längengrads des Geburtsortes in Zeit lässt sich ebenfalls leicht berechnen. Ein Längengrad entspricht 4 Minuten. Bei einem Längengrad von 7E40 entspricht dieser Wert daher 30 Minuten und 40 Sekunden.

Die Berechnung der Horoskopachsen und Häuserspitzen

In der Häusertabelle, die nach dem täglichen Sternzeitfortschritt von knapp 4 Minuten gegliedert ist, können nun unter dem Breitengrad der Geburt die Werte für die Horoskopachsen und Häuser entnommen werden. Ganz so einfach wie es klingt, ist dies jedoch nicht.

Wenn Sie die Häusertabellen einmal aufschlagen, werden Sie feststellen, dass für die errechnete Sternzeit der Geburt keine Tabelle aufgeführt ist. Daher muss in den fett gedruckten Kopfzeilen diejenige Sternzeit aufgesucht werden, die möglichst nahe bei der errechneten lokalen Sternzeit der Geburt liegt. Im Falle unseres Beispiels ist dies die Sternzeit 4h16 m auf S. 102 der Globalen Häusertabellen nach Placidus. Die lokale Sternzeit der Geburt liegt demnach zwischen der auf S. 101 aufgeführten Sternzeit von 4h12 m und der auf S. 102 aufgeführten Sternzeit von 4h16m. Um die Positionen der Horoskopachsen und Häuser exakt zu bestimmen, muss zwischen den Werten in diesen beiden Tabellen interpoliert werden. Ferner sind in den Tabellen lediglich ganzzahlige Breitengrade aufgeführt. Daher muss ebenfalls zwischen den Werten des 47. und denen des 48. Breitengrades interpoliert werden, da die Geburt auf einer Breite von 47N37 stattgefunden hat.

Zunächst berechnen wir die Mittelwerte der Achsen- und Häuserspitzen bezogen auf die exakte Breite des Geburtsortes. Dazu interpolieren wir jeweils die Tabellenwerte des 47. und 48. Breitengrades getrennt für beide Sternzeiten von 4h12m und 4h16m.

Sternzeit 4h12m

Lat.	11. Haus	12. Haus	Aszendent
47°	11°03' Krebs	13°11' Löwe	9°57'07" Jungfrau
48°	11°22' Krebs	13°33' Löwe	10°10'31" Jungfrau
Differenz	19' (+)	22' (+)	13'24" (+)

Lat.	2. Haus	3. Haus	MC
47°	2°29' Waage	0°50' Skorpion	4°56'43" Zwillinge
48°	2°28' Waage	0°41' Skorpion	4°56'43" Zwillinge
Differenz	1' (-)	9' (-)	keine

Die MC-Werte sind für alle Orte, die auf dem gleichen Längengrad liegen, identisch, unabhängig von ihrer Breite. Sie sind daher in der Häusertabelle in der obersten Spalte neben der Sternzeit aufgeführt. Da sich die Häuserspitzen des 2. und 8., 3. und 9., 11. und 5. sowie 12. und 6. Hauses jeweils gegenüberliegen, sind in der Häusertabelle lediglich die Spitzen des 2., 3., 11. und 12. Hauses aufgeführt.

Die Breite des Geburtsortes liegt nun 37' vom 47. Breitengrad in Richtung des 48. Breitengrades entfernt. Ein ganzer Breitengrad entspricht 60'. Wir können nun wie folgt interpolieren:

Differenzwert zwischen 47. und 48. Breitengrad x 37' : 60'
Für die Spitze des 11. Hauses ergibt dies:

19' x 37' : 60' = 12' (gerundet auf Minuten)

Wenn wir mit den anderen Achsen- und Häuserspitzen in gleicher Weise verfahren, erhalten wir folgende gerundete Minutenwerte:

11. Haus: 12'
12. Haus: 14'

AC:	9’
2. Haus:	1’ (-)
3. Haus:	6’ (-)

Diese Werte addieren wir zu bzw. subtrahieren wir von den Werten der Achsen- und Häuserspitzen des 47. Breitengrades:

11. Haus:	11°03’	+	12’	=	11°15’ Krebs
12. Haus:	13°11’	+	14’	=	13°25’ Löwe
AC:	9°57’	+	9’	=	10°06’ Jungfrau
2. Haus:	2°29’	–	1’	=	2°28’ Waage
3. Haus:	0°50	–	6’	=	0°44’ Skorpion

Hiermit haben wir die Achsen- und Häuserspitzen für die Breite des Geburtsortes und eine Sternzeit von 4h12 m ermittelt. In einem nächsten Berechnungsschritt ermitteln wir nun auf die gleiche Weise die Werte für die Achsen- und Häuserspitzen bei einer zugrundeliegenden Sternzeit von 4h16m.
Dies führt zu folgenden Werten:

11. Haus:	12°08’ Krebs
12. Haus:	14°13’ Löwe
AC:	10°49’ Jungfrau
2. Haus:	3°18’ Waage
3. Haus:	1°39’ Skorpion

Nun listen wir die ermittelten Achsen- und Häuserwerte zu den beiden Sternzeiten auf und bilden erneut Differenzwerte, damit wir die zweite Interpolationsrechnung zwischen den beiden Sternzeiten aus der Häusertabelle und der lokalen Sternzeit der Geburt berechnen können:

Sternzeit	11. Haus	12. Haus	Aszendent
4h16m	12°08’ Krebs	14°13’ Löwe	10°49’ Jungfrau
4h12m	11°15’ Krebs	13°25’ Löwe	10°06’ Jungfrau
Differenz	53’	48’	43’

Sternzeit	2. Haus	3. Haus	MC
4h16m	3°18' Waage	1°39' Skorpion	5°54' Zwillinge
4h12m	2°28' Waage	0°44' Skorpion	4°57' Zwillinge
Differenz	50'	55'	57'

Die von uns errechnete lokale Sternzeit der Geburt beträgt 4h14m48s. Sie weicht von der in der Häusertabelle aufgeführten Sternzeit um 2m48s (= 168s) ab. Die soeben ermittelten Differenzwerte zwischen den Achsen- und Häuserspitzen entsprechen einem Sternzeitunterschied von 4 m (= 240s).

Wir können daher folgende Dreisatzrechnung durchführen:

Differenzwert x 168s : 240s

Für den Differenzwert des 11. Hauses ergibt dies:

52 x 168 : 240 = 36' (gerundet)

Wenn wir die anderen Differenzwerte in gleicher Weise berechnen, erhalten wir folgende Werte:

11. Haus:	36'
12. Haus:	27'
AC:	30'
2. Haus:	35'
3. Haus:	37'
MC:	40'

Zum Schluss unserer Berechnungen zählen wir diese Differenzwerte nun zu den zur Sternzeit von 4h12 m gehörenden Werten dazu und erhalten damit die endgültigen Werte für die Achsen- und Häuserspitzen:

11. Haus:	11°14' Krebs	+ 36' =	11°50' Krebs
12. Haus:	13°25' Löwe	+ 27' =	13°52' Löwe
AC:	10°06' Jungfrau	+ 30' =	10°36' Jungfrau
2. Haus	2°28' Waage	+ 35' =	3°03' Waage
3. Haus	0°46' Skorpion	+ 37' =	1°23' Skorpion
MC:	4°57' Zwillinge	+ 40' =	5°37' Zwillinge

Nachdem wir nun die exakten Achsen- und Häuserspitzen berechnet haben, können wir uns im Folgenden der Berechnung der Planetenpositionen zuwenden.

Die Berechnung der Planetenpositionen

In den Ephemeriden finden wir unter dem Geburtsdatum 24. Juli 1958 die Positionen der Planeten um 0.00 Uhr (Greenwich-Zeit) des betreffenden Tages aufgeführt. Wir müssen daher für jeden Planeten seine weitere Bewegung bis zur Geburtszeit um 7.38 (Greenwich-Zeit) berechnen, um die exakte Position zum Zeitpunkt der Geburt zu ermitteln.

Dazu errechnen wir zunächst die 24-stündige Bewegung jedes Planeten am Tag der Geburt, indem wir die Differenz zwischen den beiden Mitternachtspositionen bilden, die vor und nach der Geburtszeit liegen und in den Ephemeriden aufgeführt sind.

Planet	Ephemeridenangabe am 24.7. 1958		Ephemeridenangabe am 25.7. 1958	Tagesbewegung = Differenzwert
Sonne	0°36'10"	Löwe	1°33'28"	57'18"
Mond	5°53'15"	Skorpion	19°53'37"	14°00'22"
Merkur	27°31'	Löwe	28°34'	1°03'
Venus	2°08'	Krebs	3°20'	1°12'
Mars	1°42'	Stier	2°20'	38'
Jupiter	23°30'	Waage	23°36'	6'
Saturn	19°51' R	Schütze	19°48' R	(–) 3'
Uranus	11°15'	Löwe	11°18'	3'
Neptun	2°02'	Skorpion	2°02'	0'
Pluto	0°59	Jungfrau	1°00'	1'
Mondknoten	26°35' R	Waage	26°32' R	(–) 3'

Chiron ist in der Tabelle nicht enthalten, da seine Position in den *New International Ephemerides* nicht für jeden Tag, sondern jeweils zum Ersten des Monats angegeben ist. Die Berechnung der Chiron-Position wird an späterer Stelle erläutert (siehe S. 249). Aus der Tabelle ist zu entnehmen, dass Saturn rückläufig ist (siehe »Rückläufige Planeten« auf S. 73). Beim Mondknoten ist in den Ephemeriden stets der aufsteigende, nördliche Mondknoten angegeben und zwar sowohl der wahre als auch der mittlere Mondknoten (siehe »Die Mondknoten« auf S. 187). In der Tabelle ist der mittlere Mondknoten aufgeführt, der stets rückläufig ist. Anhand der Spalte mit den Tagesbewegungen können Sie ferner erkennen, dass der Mond der schnellste Himmelskörper ist.

Die exakte Berechnung der Tagesbewegung der Planeten

Wir können nun die Tagesbewegung für jeden Planeten bis zur Uhrzeit der Geburt anhand einer einfachen Dreisatzberechnung bestimmen:

Tagesbewegung x Geburtszeit (GMT) : 24 Stunden

Wenn wir die Werte gleich in Minuten umwandeln, ergibt sich für unser Beispiel folgender Dreisatz:

Tagesbewegung x 458 Minuten : 1440 Minuten

Die Berechnung der Tagesbewegung der Sonne bis zum Zeitpunkt der Geburt

Wenn wir die Tagesbewegung der Sonne einsetzen, ergibt sich für die Strecke, die die Sonne bis zum Zeitpunkt der Geburt zurückgelegt hat, der folgende Wert:

57'18" x 458 : 1440 = 18'13"

Hinweis: Wenn wir im Dezimalsystem rechnen, müssen wir die Tagesbewegung der Sonne in Bogensekunden umwandeln:

57' x 60' + 18' = 3438" (eine Bogenminute hat 60 Bogensekunden)

Dies ergibt: 3438" x 458 : 1440 = 1093,47"

Um diesen Wert in Bogenminuten und -sekunden umzurechnen, teilen wir ihn durch 60', da eine Bogenminute 60 Bogensekunden entspricht:

1093,47" : 60' = 18,22' (Dezimalwert auf zwei Kommastellen gerundet)

Wir wissen nun, dass der Wert zwischen 18 und 19 Bogenminuten liegt. Wenn wir nun den Wert von 18' mit 60' multiplizieren und die Differenz dieser Summe zum Ausgangswert bilden, erhalten wir noch die fehlenden Bogensekunden:

18' x 60' = 1080"

1093,47" – 1080" = 13" (auf ganze Bogensekunden gerundet)

Die Bewegung der Sonne bis zum exakten Zeitpunkt der Geburt beträgt somit 18'13". Wenn wir diesen Wert zur Mitternachtsposition der Sonne am 24. 7. 1958 hinzuzählen, erhalten wir die genaue Position der Sonne zum Zeitpunkt der Geburt:

0°36'10" Löwe + 18'13" = 0°54'23" Löwe

Die Berechnung der Tagesbewegung des Mondes bis zum Zeitpunkt der Geburt

Die Tagesbewegung des Mondes beträgt 14°00'22". Wenn wir im Dezimalsystem rechnen, wandeln wir diesen Wert wiederum in Bogensekunden um:

14 x 3600" + 22" = 50422".

Nun setzen wir diesen Wert in die Dreisatzrechnung ein:

50422" x 458 : 1440 = 16037" (auf ganze Bogensekunden gerundet)

Um diesen Wert in Bogengrade, -minuten und -sekunden umzurechnen, teilen wir ihn zunächst durch 3600", da ein Grad 3600 Bogensekunden enthält. Die Zahl vor dem Komma entspricht dann dem Gradwert:

16037" : 3600" = 4,450 (Dezimalwert auf ganze Bogenminuten gerundet)

Wir wissen nun, dass der gesuchte Wert im Bereich zwischen 4 und 5 Bogengraden liegt. Wir rechnen nun die 4 Bogengrade vor dem Komma des Dezimalbruchs wieder in Bogensekunden zurück und bilden den Differenzwert zum Ausgangswert:

4° x 3600" = 14400"

16037" – 14400" = 1637" (Restwert in Bogensekunden)

Diesen Restwert wandeln wir mit einer weiteren Teilung durch 60' in Bogenminuten um, da eine Bogenminute 60 Bogensekunden enthält. Der Wert vor dem Komma entspricht dann den Bogenminuten:

1637" : 60' = 27,28' (Dezimalwert auf ganze Bogensekunden gerundet)

Wir wissen nun, dass der gesuchte Wert zwischen 4°27' und 4°28' liegt. Wir rechnen nun die 27' Bogenminuten wieder in Bogensekunden zurück und bilden den Differenzwert zum Restwert von 1637":

27' x 60' = 1620"

1637 – 1620" = 17

Die Bewegung des Mondes bis zum Zeitpunkt der Geburt beträgt somit 4°27'17". Wenn wir diesen Wert zur Position des Mondes um Mitternacht am 24. 7. 1958 hinzuzählen, erhalten wir die exakte Position des Mondes zum Zeitpunkt der Geburt: 5°53'15" Skorpion + 4°27'17" = 10°20'32" Skorpion

Die Berechnung der Tagesbewegung der restlichen Planeten

Wenn wir die Berechnungen für die restlichen Planeten in analoger Weise durchführen, erhalten wir die folgenden Werte:

Planet	Tages-bewegung bis 7.38 Uhr	Mitternachts-wert am 24. 7. 1958	Position zum Zeit-punkt der Geburt
Merkur	20'	27°31' Löwe	27°51' Löwe
Venus	23'	2°08' Krebs	2°31' Krebs
Mars	12'	1°42' Stier	1°54' Stier
Jupiter	2'	23°30' Waage	23°32' Waage
Saturn	(–) 1'	19°51' Schütze	19°50' R Schütze
Uranus	1'	11°15' Löwe	11°16' Löwe
Neptun	0'	2°02' Skorpion	2°02' Skorpion
Pluto	0'	0°59' Jungfrau	0°59' Jungfrau
Mondknoten	(–) 1'	26°35' Waage	26°34' R Waage

Die Berechnung Chirons

Die Position Chirons ist in den *New International Ephemerides* jeweils für den ersten Tag des Monats angegeben. Wir müssen daher zwischen dem Wert für den 1. Juli und dem Wert für den 1. August interpolieren:

Chironstellung am 1.7. 1958	= 22°08' R Wassermann
Chironstellung am 1.8. 1958	= 20°47' R Wassermann
Differenz = Monatsbewegung im Juli	1°21' R

Da Chiron rückläufig ist, bewegt er sich im Juli um 1°21' zurück. Wenn wir diesen Wert in Bogensekunden umwandeln und durch 31 Tage teilen (der Monat Juli hat 31 Tage), erhalten wir die durchschnittliche Strecke, die Chiron pro Tag im Juli zurückgewandert ist:

4860" : 31 = 157" = 2'37"

Wenn wir diese durchschnittliche Tagesbewegung mit 24 Tagen multiplizieren, erhalten wir die Strecke, die Chiron vom 1. bis zum 24. Juli zurückgewandert ist:

157" x 24 = 3768" = 1°03' (auf ganze Bogenminuten gerundet)

Da die Geburt am 24. 7. um 7.38 Uhr stattgefunden hat, können wir von diesem Wert bei einer durchschnittlichen Tagesbewegung von 2'37" nochmals 1' abziehen, um den gerundeten Minutenwert für die durchschnittliche Bewegung Chirons vom 1. 7. bis zum exakten Zeitpunkt der Geburt zu erhalten. Wenn wir diesen von der Position am 1. 7. abziehen, da Chiron rückläufig ist, erhalten wir seine Position am 24. 7. zum Zeitpunkt der Geburt:

22°08' Wassermann – 1°02' = 21°06' Wassermann

Vereinfachte Interpolation anhand von Tabellen

In den Ephemeriden finden Sie auf den letzten Seiten Tabellen mit den Tagesbewegungen für Sonne, Mond und Planeten. Sie können anhand dieser Tabellen den jeweiligen Wert bestimmen, um den sich Sonne, Mond und Planeten innerhalb eines Tages bis zum Zeitpunkt der Geburt durchschnittlich weiterbewegen. Sie erhalten dadurch zwar nur Näherungswerte, die jedoch in der Regel von den oben berechneten Werten nur gering abweichen.

Noch einfacher ist es, sich selbst ein Computerprogramm zur Horoskopberechnung anzuschaffen, oder die Horoskopberechnung von einem Berechnungsservice durchführen zu lassen.

Literaturüberblick für Astrologie-Einsteiger

Der folgende Literaturüberblick ist zur Orientierung für Astrologie-Einsteiger gedacht. Es besteht kein Anspruch auf Vollständigkeit.

Allgemeine Grundlagen

Akron, *Das Astrologie-Handbuch*, Hugendubel, 1995

Akron, *Im Licht der Sonne*, Hugendubel, 1990

Akron, *Jenseits der Schwelle*, Hugendubel, 1988

Arroyo, Stephen, *Astrologie, Psychologie und die vier Elemente*, Rororo TB, 1993

Arroyo, Stephen, *Handbuch der Horoskopdeutung*, Hier & Jetzt, 1993

Banzhaf, Hajo & Haebler, Anna, *Schlüsselworte zur Astrologie*, Hugendubel, 1994

Boot, Martin, *Das Horoskop*, Knaur TB, 1993

Greene, Liz, *Kosmos und Seele*, Krüger, 1978

Hamaker-Zondag, Karen, *Elemente und Kreuze*, Hier & Jetzt, 1991

Hamaker-Zondag, Karen, *Die Planeten*, Hier & Jetzt, 1994

Meyer, Hermann, *Astrologie und Psychologie – eine neue Synthese,* Rororo TB, 1986

Niehenke, Peter, *Astrologie – Eine Einführung*, Reclam Gelbe Reihe, 1994

Riemann, Fritz, *Lebenshilfe Astrologie*, Pfeiffer, 1976

Roscher, Michael, *Das Astrologie-Buch*, Droemer-Knaur, 1989

Taeger, Hans-Hinrich, *Astro-Energetik*, Papyrus, 1983

Grundlagenvertiefung

Arroyo, Stephen, *Astrologie, Karma und Transformation*, Hugendubel, 1980

Arroyo, Stephen, *Astrologische Psychologie in der Praxis*, Hier & Jetzt, 1988
Ebertin, Reinhold, *Kombination der Gestirneinflüsse*, Ebertin, 1973
Greene, Liz, *Schicksal und Astrologie*, Hugendubel, 1985
Greene, Liz & Sasportas, Howard, *Dimensionen des Unbewussten*, Hugendubel, 1989
Greene, Liz & Sasportas, Howard, *Entfaltung der Persönlichkeit*, Hugendubel, 1986
Marks, Tracy, *Die Astrologie der Selbstentdeckung*, Hier & Jetzt, 1988
Orban, Peter, *Astrologie als Therapie*, Hugendubel, 1986
Ring, Thomas, *Astrologische Menschenkunde*, I–IV, Bauer, 1969
Rudhyar, Dane, *Astrologie und Psyche*, Chiron, 1992

Partnerschaftsastrologie

Adler Gral, Jessie, *Unser innerer Geliebter*, Astrodata, 1995
Banzhaf, Hajo & Theler, Brigitte, *Du bist alles, was mir fehlt*, Hugendubel, 1996
Hand, Robert, *Planeten im Composit*, Papyrus, 1982
Kirby, Babs & Stubbs, Janey, *Liebe & Sexualität im Horoskop*, Hier & Jetzt, 1994
Klein, Nikolas, *Partnerschaft im Horoskop*, Hugendubel, 1992
Livaldi-Laun, Lianella, *Liebesbeziehungen im Horoskop*, Ebertin, 1993
March, Marion & McEvers, Joan, *Lehrbuch der Partnerschaftsastrologie*, Ebertin, 1995
Riegger, Mona, *Handbuch der Combin- und Composit-Deutung*, Ebertin, 1997

Prognose

Hand, Robert, *Das Buch der Transite*, Hugendubel, 1984
Kirby, B. & Stubbs, J., *Solare und Lunare*, Hier & Jetzt, 1993
Lundstedt, Betty, *Transite, die Gezeiten des Lebens*, Urania, 1987

March, Marion & McEvers, Joan, *Lehrbuch der astrologischen Prognose*, Ebertin, 1993

Planeten

Cunningham, Donna, *Erkennen und Heilen von Plutoproblemen*, Urania, 1987
Cunningham, Donna, *Astrologie und Energiearbeit*, Hier & Jetzt, 1994
Fassbender, Ursula, *Die Erde – der vergessene Planet*, Ebertin, 1994
George, Demetra, *Das Buch der Asteroiden*, Chiron, 1991
Greene, Liz, *Saturn*, Hugendubel, 1976
Greene, Liz, *Jenseits von Saturn*, Hugendubel, 1985
Greene, Liz, *Neptun – Die Sehnsucht nach Erlösung*, Astrodienst, 1996
Greene, Liz & Sasportas, Howard, *Sonne und Mond*, Hugendubel, 1994
Greene, Liz & Sasportas, Howard, *Die inneren Planeten Venus, Mars und Merkur*, Hugendubel, 1995
Livaldi-Laun, Lianella, *Lilith – der Schwarze Mond*, Chiron, 1994
Reinhardt, Melanie, *Chiron*, Astrodata, 1993
Rudhyar, Dane, *Der Sonne/Mond-Zyklus*, Astrodata, 1987
Sasportas, Howard, *Götter des Wandels. Die astrologische Bedeutung von Uranus, Neptun und Pluto*, Knaur-TB, 1991
Sullivan, Erin, *Rückläufige Planeten*, Astrodata, 1993
Traugott, Hannelore, *Lilith – Eros des Schwarzen Mondes*, Astrodata, 1995

Häuser

Hamaker-Zondag, Karen, *Deutung der Häuser*, Hier & Jetzt, 1996
Marks, Tracy, *Dein verborgenes Selbst – Das zwölfte Haus*, Hier & Jetzt, 1991

Rudhyar, Dane, *Das astrologische Häusersystem*, Hugendubel, 1981
Sasportas, Howard, *Astrologische Häuser und Aszendenten*, Knaur-TB, 1991

Philosophische und erkenntnistheoretische Grundlagen

Ptolemaeus, Claudius, *Tetrabiblos*, Chiron, 1995
Rhudhyar, Dane, *Astrologie der Persönlichkeit*, Hugendubel, 1979
Ring, Thomas, *Astrologische Menschenkunde Bde. I–IV*, Bauer, 1976

Stundenastrologie

Hamaker-Zondag, Karen, *Stundenastrologie*, Hugendubel, 1986
Van Slooten, Erik, *Lehrbuch der Stundenastrologie*, Ebertin, 1994

Esoterische Astrologie

Bailey, Alice, *Esoterische Astrologie*, Lucis Trust, 1979
Hickey, Isabel, *Astrologie, eine kosmische Wissenschaft*, Hier & Jetzt, 1995
Oken, Alan, *Astrologie der Seele*, Smaragdina, 1993
Scholdt, Gunda, *Handbuch der Esoterischen Astrologie*, Ebertin, 1996
Schulman, Martin, *Karmische Astrologie Bd. 1, Mondknoten und Reinkarnation*, Urania, 1981
Weiner, Errol, *Der Pfad der Seele im Horoskop*, Hier & Jetzt, 1995

Eltern/Kind

Star, Gloria, *Das Kind im Horoskop*, Ebertin, 1994

Forschung

Gauquelin, Michel, *Die Uhren des Kosmos gehen anders*, Bauer, 1985

Landscheidt, Theodor, *Astrologie – Hoffnung auf eine Wissenschaft*, Resch, 1995
Niehenke, Peter, *Kritische Astrologie*, Aurum, 1987

Tabellen- und Nachschlagewerke

Die globalen Häusertabellen nach Placidus, Die Deutsche Ephemeride, O.W. Barth, 1980
Koch & Schaeck, *Häusertabellen des Geburtsortes*, Rohm, 1985
Grimm, Hoffmann, Ebertin, Puttjer, *Die geographischen Positionen Europas*, Ebertin, 12. Aufl., 1993
Roscher, Michael, *Das Buch der Horoskope*, Knaur TB, 1990
Rosenkreuzer-Ephemeriden 1900–2000, The Rosicrucian Fellowship, 1984
Rosenkreuzer-Ephemeriden 2000–2050, The Rosicrucian Fellowship, 1992
Schubert-Weller, Christoph & Bittner, Ulla, *Die geographischen Positionen der fünf neuen Bundesländer und Berlins*, Ebertin, 1994
Taeger, Hans Hinrich, *Internationales Horoskope Lexikon*, 4 Bde., Bauer, 1991–96
The American Atlas, ACS, San Diego, 1993
The International Atlas, ACS, San Diego, 1993
The International Directory of Astrologers, 1993
The New International Ephemerides 1900–2050, Editions St. Michel, 1993
Astrology 1996/7, Free Guide, The Urania Trust, 1996

Computerprogramme für Astrologen

Einen umfassenden Überblick über alle gängigen Computerprogramme für Astrologen bietet das Sonderheft *Astrologie & Computer* der astrologischen Fachzeitschrift *Meridian*, das in regelmäßiger Überarbeitung erscheint. (Bezugsadresse siehe S. 256).

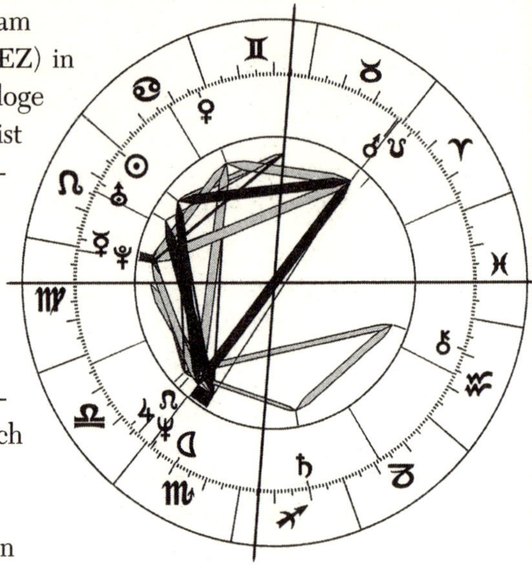

Markus Jehle, geboren am 24. 7. 1958 um 8.38 (MEZ) in Lörrach, Diplom-Psychologe und gepr. Astrologe DAV, ist Chefredakteur der astrologischen Fachzeitschrift »Meridian« und Leiter des Astrologie Zentrums Berlin. Bei Interesse an astrologischen Beratungen, Seminaren und Ausbildungen wenden Sie sich bitte an:

Astrologie Zentrum Berlin
Möckernstraße 68
10965 Berlin
Tel. & Fax 0 30/7 85 84 59
E-Mail: info@Astrologie-Zentrum-Berlin.de
Homepage: www.Astrologie-Zentrum-Berlin.de